城市图书馆研究

第一卷第二辑

主管单位 杭州市文化广电新闻出版局

主办单位 杭州图书馆
杭州市图书馆协会

主　　编 褚树青

副 主 编 李超平　粟　慧

执行主编 张广钦

编 辑 部 屠淑敏　吴宇琳　马瑧加

图书在版编目(CIP)数据

城市图书馆研究. 第一卷第二辑 / 褚树青主编. —北京:国家图书馆出版社, 2013.7
ISBN 978-7-5013-5132-9

Ⅰ.①城… Ⅱ.①褚… Ⅲ.①市级图书馆—研究 Ⅳ.①G258.22

中国版本图书馆 CIP 数据核字（2013）第 133419 号

责任编辑: 金丽萍

书名 城市图书馆研究. 第一卷第二辑
著者 褚树青 主编

出版 国家图书馆出版社(100034 北京市西城区文津街 7 号)
(原北京图书馆出版社)
发行 010-66114536 66126153 66151313 66175620
66121706(传真) 66126156(门市部)
E-mail btsfxb@nlc.gov.cn (邮购)
Website www.nlcpress.com→投稿中心
经销 新华书店
印刷 北京科信印刷有限公司

开本 787×1092(毫米) 1/16
印张 12.5
版次 2013 年 7 月第 1 版 2013 年 7 月第 1 次印刷
字数 200 千字

书号 ISBN 978-7-5013-5132-9
定价 54.00 元

卷首语

总分馆制，不是一个理论问题，而是一个管理方式和服务方法的问题，为什么要搞总分馆制，如何建立总分馆体系，国际图书馆界其实早已有了较为成熟的答案。

在总分馆制中，总馆是一个独立建制的图书馆或一个图书馆系统中充当管理中心的图书馆；分馆是总馆把一部分业务分离出去而形成的附属场馆，必须拥有一个基本馆藏、常规的人员配置和固定的开馆时间。当然，总分馆制也不是一成不变的，不同的国家、不同的地区、不同的城市都会根据各自不同的情况，加以调整。比如，纽约公共图书馆总分馆体系就是较为紧密的图书馆体系，人、财、物都由总馆，即纽约公共图书馆统一管理；而伦敦市的公共图书馆总分馆体系则相对较为松散，市馆只对分馆的管理层有任命权，所以更类似中心馆的作用。

公共图书馆之所以要成体系，我认为，这是与公共图书馆与生俱来的向所有人传播知识和文化的责任联系在一起的。公共图书馆不仅仅是一个阅读场所，更是一个社会教育机构，《公共图书馆宣言》中就有对公共图书馆“支持个人和自学教育以及各级正规教育”等方面的要求。同学校教育一样，社会教育也存在着普遍均等和就近服务的问题，而单体图书馆是没有办法满足公众的这种需求的，只有以树状结构体系分布的总分馆形式存在，才能有效地完成公共图书馆的这些责任和使命。

我国公共图书馆事业多年来基本上都以一个城市设立一座图书馆的模式进行，就算是有少量的区或社区图书馆（室），也是彼此割裂，互不连通的。21 世纪初，随着许多行业图书馆的解散，公共图书馆的服务压力剧增，同时，互联网的发展使得图书馆之间的资源共享成为可能，再加之一个时期以来，图书馆的内涵和外延都在不断地丰富和扩展，在这样的背景下，城市公共图书馆总分馆体系建设，逐渐引起业界的关注，不少地区的公共图书馆也开始了这方面的实践，也就形成了所谓的不同总分馆制建设模式。

杭州图书馆也一直在进行这方面的探索，其目的在于进一步增强服务能力，扩展社会影响，完善服务功能，使图书馆在新时期焕发出新的活力。本期的《城市图书馆研究》设立“公共图书馆服务体系与公共文化服务体系建设”这样一个主题，就是希望可以汇聚各地的实践案例，引发思考，提供借鉴，从而推动城市公共图书馆总分馆体系建设的进一步发展。

褚树青

目录

Contents

学人寄语

新一代图书馆学人的学术素养

吴慰慈

Academic Literacy of a New Generation of Library Scholars

Wu Weici

学术素养包括学术理想、创新意识、科研能力、学术品质等方面。从国家学位条例的制度规定和社会现实需求来看,学术素养的培育是博士生教育的重要内容,也是提升博士生教育质量的重要环节。作为新一代图书馆学人,应该在本门学科上掌握坚实宽广的基础理论和系统深入的专门知识,具有独立从事科学研究工作的能力,在科学和专门技术上做出创造性的成果。作为教育部门,特别是博士生导师应该坚持学术本位,从学术导向的角度出发,引导博士生忠于学术、专于学术、精于学术,增强博士生学术素养。

学术理想是一种信念,它决定了一个人在追求学术的人生征途中努力的方向。要树立宏伟的学术抱负,立志站在自己学科领域的前沿,为学术的繁荣发展服务;要做好艰苦奋斗的准备,坚决摒弃投机取巧和急功近利的思想,将学术自律和学术规范深植于心中,多维度在年轻学者中营造良好的学术氛围,为做出优秀的学术成果奠定扎实的思想基础。

创新意识是一种主动的、积极的、勇于探索的思想状态和精神风貌,是科学研究的出发点和内在动力。所谓创新不只是凭空幻想,而是在学习和积累知识基础上的超越和创造。知识的积累和学习过程,是研究者形成创新性研究成果的必由之路。要通过对基础理论和学术本源的研究和把握,形成良好的科学研究方法和习惯,从而在厚重的学术积累的基础上及时追踪最新的学术研究成果,准确地把握学术研究的主线。

科研能力的提升。当前应注意两个方面的价值取向:其一是现代研究方法的运用。方法是研究的基础,是人们在从事科学研究过程中不断总结、提炼出来的行之有效的研究范式,是在研究中发现新现象、新问题,或提出新理论、新观点,揭示事物内在规律的工具和手段。在信息技术高速发展的今天,正确选择和使用研究方法,是完成高水平研究的重要保障。好的研究成果不只是语言陈述,而是建立在现代研究方法基础上的完整的逻辑体系。为此,掌握并能熟练应用现代的科学研究方法,也是提升自己科研能力的必要手段。研究方法一方面来源于理论学习。理论和方法具有互动和互构的关系,理论由于它在向人们提供一系列命题的同时,也向人们提供了形成命题及命题系列的思想方法,因此具有作为研究方法的工具性功能;研究方法也来源于哲学思辨、科学与逻辑方法、实务型的统计学方法和计量分析方法等,现代研究方法往往是在此基础上形成的方法论体系。另一方面是多学科交叉融合。学科交叉融合有利于出创新型思维,出复合型成果,出创新型人才。如果没有不同知识领域和技术之间的交叉融合,任何单一领域或技术都不可能占领制高点。现在大家都知道交叉融合的重要性,也都在积极尝试学科交叉和跨学科交流。在科学技术发展趋势更加趋于融合的今天,我们应该看到优势学科已初步搭建了一个多学科交叉、团队协作创新的平台,有必要探索多学科融合发展的模式,使弱势学科依托优势学科得到进一步发展,从而做出高水平的研究成果,孵化出一批高层次、高水平的专业人才。

学术品质是学术素养的重要方面,学术高品位是新一代图书馆学人所追求的目标。20世纪90年代中期以来,中国的图书馆学研究呈现出两大热点:一是数字图书馆开发;二是网络信息资源组织和管理,并由此引发出一系列相关问题的研究。这些研究主要在理论和技术两个层面上展开,并显现出以下三种发展趋势:一是理论和技术融合的趋势;二是跨学科研究的趋势;三是理论和实践相结合的趋势,应用特征不断加强。这预示着建立在实践基础之上的图书馆学,将在理论和应用之间构建一种有效的平衡发展关系。以上是从宏观方面保障高端学术品位的方法和途径。学术高品质还应清除学术浮躁的侵袭和虚假学术现象。在学术研究中,国外学术思想的引进和其他学科理论、原则和方法的移植无疑是必要的。然而,这种学术引进和移植,必须坚持严肃认真的科学态度和严谨的学术作风,必须建立在对相关理论和思想深入研究的基础之上。那种以急功近利的心态进行的所谓"研究",不可能具有什么科学价值,更不可能形成具有实践指导价值的系统的理论体系。

当代图书馆学人应建立开放型思维方式,这一科学的思维方式是以解放思想、超越自身有限经验的局限为前提;知识没有国界,不能闭门造车,需要纵向继承、横向借鉴。尤其是在全球化的今天,我们必须具有国际化视野,具备跨文化研究的能力,接受不同文化的熏陶,接触不同学科前沿和国内外最新学术成果。学术视野拓宽了,思路才能开阔,才能做出国际水准的高水平研究成果。

胆量也是生产力,请怀揣雄心与勇气,闯荡世界吧!有了在这个复杂多变的世界生存的智慧,你们的未来一定更加灿烂!

探索与实践："大杭州"公共图书馆服务体系的实现方式

李国新

Exploration and Practice: Realization Ways of Public Library Service System in Greater - Hangzhou Area

Li Guoxin

摘要："完全总分馆制"的前提条件是"合适的地域单元"和"合适的管理层级"。从地域范围、行政和财政管理体制上看，"大杭州"的公共图书馆服务体系建设不宜采用"完全总分馆"体制，应该走"中心馆—总分馆"的道路。在"大杭州"范围内，具有实质意义的总分馆体系在五县八区这一层级上出现，实现方式有多种选择。杭州图书馆在体系中的定位是中心馆，主要作用是资源建设与共享的统筹和协调；对基层馆图书馆服务的援助和支持；在图书馆服务空白区域实施流动服务；开展业务指导和馆员培训，在图书馆服务项目、方式、手段等方面形成示范。

关键词：总分馆，中心馆，大杭州

Abstract: The preconditions of complete main - branch library system are appropriate region unit and appropriate administrative level. Take territorial scope, administrative system and fiscal administration system into consideration, the construction of public library service system in Greater- Hangzhou Area is inadequate to adopt complete main - branch library system, and it should execute "central library—main - branch library" system. In the scope of Greater - Hangzhou Area, the main - branch library system with material meaning should achieve in the level of county, and the ways are diverse.

Keywords: main - branch library system, central library, Greater - Hangzhou Area

所谓"大杭州"，是指杭州市所辖五县八区的地域范围。这个范围总面积16 596平方公里（其中市区3068平方公里），2010年常住总人口870.04万，国民生产总值（GDP）5945.82亿元，按常住人口计算的人均GDP为6.84万元。财政总收入1245.43亿元。市区城镇居民人均可支配收入3.01万元，农村居民人均纯收入1.32万元[1]。这些数据表明，"大杭州"是目前中国经济社会发展水平最高的地区之一。

"大杭州"地区的公共图书馆事业具有典型的中国经济发达地区的特色：有一批硬件条件堪称国际一流水平的单体公共图书馆，公共图书馆服务的整体水平在国内遥遥领先，但与图书馆事业发达的国家比，与人民群众对公共图书馆服务的需求比，最大的差距表现在设施与服务的体系化程度低，带来的结果是：按设置主体看，市、区（县）、乡政府基本实现了公共图书馆的"全设置"；按单体图书馆看，基本实现了"零门槛"、"无障碍"的"全开放"；但对"大杭州"

李国新，北京大学信息管理系，教授，博士生导师。E - mail：ligx@pku.edu.cn

范围内的老百姓来说，公共图书馆服务的“全覆盖”、“均等化”尚未完全实现，离“全民共享公共图书馆服务”的目标还有距离，由此还带来了杭州地区公共图书馆的服务效益在整体上与发达国家存在较大差距。因此，“大杭州”未来公共图书馆事业的发展，首先应该着力解决服务体系不健全、不完善的问题，也就是十七届六中全会“决定”中所说的按照公益性、基本性、均等性、便利性的要求完善公共文化服务网络的问题。杭州图书馆“十二五”规划提出要在“大杭州”的范围内构建“中心馆—总分馆”形式的公共图书馆全覆盖服务体系，表明已经看准了问题，明确了方向，今后重要的任务是探索和实践实现方式。

1 为什么“大杭州”不宜采用“完全总分馆”体制？

所谓完全总分馆体制，是指一个区域的图书馆群以总分馆形式形成组织体系，体系内实行统一采购、统一编目、统一配送、统一服务政策、统一管理的体制。国内外的经验表明，完全总分馆制在形成服务体系、提高服务质量、改善服务效益方面具有优势。近年来国内涌现的“嘉兴模式”、“苏州模式”、“禅城模式”也充分证明了这一点。但是，“完全总分馆制”的实施有必要的前提条件，这就是“合适的地域单元”和“合适的管理层级”。

所谓“合适的地域单元”，是说形成总分馆体系的区域不能太小，小则显示不出“体系”的优势；也不能太大，大则无法有效管理和降低成本。国内学者目前一般的研究结论认为，从中国的实际情况出发考虑，“合适的地域单元”一般为县（区）域范围。从实践层面看，目前国内比较成功的“完全总分馆”就出现在这样的区域内，如嘉兴和苏州都是市本级，禅城是区，深圳一些实质意义的“完全总分馆”也都出现在区，如南山区、福田区、宝安区等。

所谓“合适的管理层级”，是说总分馆体系中行使规划与管理权限的总馆放在什么行政层级上。确定“管理层级”，更多地需要考虑总分馆的管理体制怎样与现行的行政体制、财政体制相适应。其实，“管理层级”与“地域单元”关系密切，互为因果：如果在地域上以县（区）为范围，那么，行使总馆权限的就是县（区）馆；而之所以认定县（区）一般来说是我国公共图书馆总分馆体系的合适的地域单元，虽然有体系运行地域范围的考量，更多的还是考虑了与现行的行政分级管理、财政分灶吃饭的体制相适应。

为什么“大杭州”的公共图书馆服务体系建设不宜采用“完全总分馆”体制？从地域范围上说，要在1.6万多平方公里、870多万常住人口的范围内构建一个服务体系，按现行的《公共图书馆建设用地指标》规定的以服务人口为主要依据的设置原则，体系中应有近70所中小型图书馆[2]；如果按行政区划每个乡镇、街道配置一所图书馆计算，体系中应有200所中小型图书馆[3]，如此数量的图书馆分散在1.6万多平方公里的范围内，不仅无法有效管理，而且必然导致运行成本畸高，很可能出现图书的配送成本高于购买新书的奇怪现象。所以，从运行成本和有效管理的角度看，在“大杭州”的范围内建立一个完全的总分馆体系不可行。从行政管理和财政管理体制上看，市和县（区）两级在目前的体制中是“分级管理”、“分灶吃饭”，总分馆体系所需要的人、财、物高度“统一”和“分级管理”、“分灶吃饭”的体制是矛盾的，政府不会因为构建公共图书馆的总分馆体系去改变行政和财政管理体制，只能是公共图书馆服务体系建设去适应行政和财政体制。所以，从现行行政、财政体制与总分馆体制内在要求的不相适应看，在“大杭州”的范围内建立一个统一的总分馆体系也是不现实的。

有学者以香港为例说明类似杭州这样的大都市建立统一的总分馆体系是可能的，理由是香港建立的就是一个以中央图书馆为总馆、包括67所固定图书馆和10所流动图书馆在内的统一的公共图书馆总分馆系统[4]。其实，仔细了解和分析一下就会发现，香港的情况有其自身的特殊性：香港的总面积1100多平方公里，只及杭州市区的三分之一，“大杭州”的将近十五分之一；香港的区是选区，并不是像内地具有行政和财政权力的实质性的政府，建立公共图书馆的总分馆体系不存在行政、财政体制上的障碍。所以，不论是从“地域单元”还是行政、财政体制的角度看，香港和内地的类似城市不具有可比性。

2 国外类似城市的实践经验

先看美国纽约市的公共图书馆体系。纽约市共有5个区：布鲁克林区（Brooklyn）、皇后区（Queens）、布朗克斯区（Bronx）、曼哈顿（Manhattan）、斯塔滕岛（Staten Island）。总面积1200多平方公里，人口900多万。覆盖纽约市5区的公共图书馆系统共有3个：布鲁克林区公共图书馆系统由1个中心馆、58个分馆、1个商务图书馆、1个流动图书馆、5个成人学习中心构成,为布鲁克林区居民提供服务;皇后区公共图书馆系统由1个中心图书馆和63个分馆构成,为皇后区居民提供服务;纽约公共图书馆系统共有87个分馆(其中人文和社会科学图书馆、表演艺术图书馆、黑人文化图书馆、工业和商业图书馆4个是研究图书馆),服务于布朗克斯、曼哈顿和斯塔滕岛三个相邻区。可见,纽约市的公共图书馆系统没有走全市建设一个统一的总分馆体系的路,也没有走全市形成一个统一的中心馆—总分馆体系的路,而是以各自独立的3个总分馆系统实现了公共图书馆服务的全覆盖。

再看日本东京都的公共图书馆体系。东京都也有"大东京"和东京市区之分。"大东京"包括23区、26市、5町、8村,总人口1280多万,总面积2187平方公里。23区属于东京市区,总人口870多万,总面积621.8平方公里。与纽约的情况有所不同,东京的公共图书馆体系是严格按照区或市一级的行政区划建设的总分馆体系,即每一个区或市都建设一个独立的总分馆体系,建设主体是区或市政府,体系内实行人、财、物的统一管理和统一的服务政策,资源在体系内通借通还。东京市区23区共有公共图书馆220所,平均每个服务体系包括9.57所,每所公共图书馆覆盖的地域范围平均为2.83平方公里,服务半径平均为950米,覆盖的人口平均为3.97万。26个市共有公共图书馆158所,平均每个服务体系包括6.1所,每所公共图书馆覆盖的地域范围平均为4.96平方公里,服务半径平均1250米,覆盖的人口平均为2.55万[5]。区、市之上的东京都政府设置的公共图书馆称为都立图书馆。东京都立图书馆定位为"调查研究型图书馆",目前包括两处馆舍:中央图书馆和多摩图书馆,后者以收藏杂志和儿童、青少年资料为主。这两处馆舍实行的是总分馆体制。作为"调查研究型"图书馆,东京都立图书馆的服务特点是对一般公众只提供馆内阅览服务,不提供外借服务;服务重点在于对下级图书馆的援助和支持,或者说都立图书馆拥有的资料和服务功能,多数情况下是通过区、市、町、村图书馆向读者提供的,都立图书馆主要作为"图书馆的图书馆"而存在。具体说,其主要职能是应区、市、町、村图书馆的请求提供基层图书馆缺藏的外借资料;协助基层图书馆调查读者所需资料的收藏地点;承担区域内所有图书馆部分资料的统一保存责任;为图书馆服务的空白区域提供流动服务或集体外借服务;提供图书馆员的研修资料和研修场地以及可能的经费等。由此看来,东京都立图书馆和各区、市的公共图书馆体系之间不存在人、财、物的统一管理,也不存在统一的服务政策,它们之间存在的只是一种业务援助、服务联盟性质的关系。

3 建立覆盖"大杭州"的"中心馆—总分馆"服务体系

立足中国现实,借鉴国际经验,在"大杭州"范围内建设城乡一体化的公共图书馆服务体系,应该走"中心馆—总分馆"的道路,即杭州图书馆在体系中定位为中心馆,五县八区各自建设总分馆体系,最终形成一个分域分层的覆盖"大杭州"的公共图书馆服务体系。

人、财、物统一,具有实质意义的总分馆体系在五县八区这一层级上出现。不过,五县八区的总分馆体系的实现方式依然会有多种选择。在市区内,有可能形成以区级公共图书馆为总馆的独立的、完整的总分馆体系,而在县域范围内,人、财、物统一的总分馆体系在县和乡镇之间的完全实现有时就会遇到困难,因此,完全有可能在县域范围内形成多个具有实质意义的总分馆体系,县馆和乡镇馆之间也可能是"中心馆—总分馆"的关系。

杭州图书馆作为"中心馆",它和五县八区的总分馆体系之间不存在人、财、物统一管理的问题,也不存在服务政策统一的问题,是一种联盟关系。中心馆在服务体系中的作用主要体现在如下数端:

第一,资源建设与共享的统筹和协调。在资源建设层面,着眼于在"大杭州"的范围内构筑较为完善的文献资源保障体系,如何在资源建设重点、特点等方面形成合作机制,中心馆应发挥统筹和协调作用。资源共享主要针对数字资源,因为纸质资源在"大杭州"范围内的通借通还、共用共享意义不大。中心馆在数据库选择、采购的分工合作机制方面,在与数据库商的使用权谈判方面发挥统筹协调作用的空间很大。

第二,对基层馆图书馆服务的援助和支持。相对于整个服务体系而言,中心馆主要是作为"图书馆的图书馆"而存在,因此,中心馆在服务体系中应充分发挥"图书馆的图书馆"作用,在文献资源的保存、提供,以及图书馆服务方面为基层馆提供切实的援助和支持,充分彰显图书馆服务体系的整体效能。

第三,在图书馆服务空白区域实施流动服务。五县八区公共图书馆服务体系尚未覆盖的空白区域,中心馆承担实施流动服务的责任。

第四,开展业务指导和馆员培训,在图书馆服务项目、方式、手段等方面形成示范。中心馆在文献资源、设施设备、人才队伍、业务能力等方面具有优势，因此应承担对基层图书馆的业务指导任务，成为服务体系中的馆员培训基地，并且应在拓展图书馆服务项目、创新图书馆服务方式和手段等方面为基层馆做出示范，从而影响和带动体系内各层级图书馆提升服务能力、改善服务效益。

参考文献

1 杭州概况[EB/OL].[2011 - 10 - 12]. http://www.hzstats.gov.cn/web/shownews.aspx? id = UqUHIhAFC%2BY

杭州市2010年第六次全国人口普查主要数据公报[EB/OL].[2011 - 10 - 12]. http://www.hangzhou.gov.cn/main/wjgg/gggs/gggs/T353610.shtml

杭州市2010年国民经济和社会发展统计公报[EB/OL].[2011 - 10 - 12]. http://www.hangzhou.gov.cn/main/zjhz/tjsj/tjgb/T345882.shtml

2 《公共图书馆建设用地指标》规定，每20万服务人口设置一处小型公共图书馆，每50万服务人口设置一处中型公共图书馆。

3 “大杭州”共有130个乡镇，70个街道。见：杭州统计年鉴（2010）[EB/OL].[2011 - 10 - 18]. http://www.hzstats.gov.cn/web/tjnj/nj2010/01/nj_.htm

4 （香港）康乐及文化事务署香港公共图书馆[EB/OL].[2011 - 10 - 18]. http://sc.lcsd.gov.hk/gb/www.hkpl.gov.hk/tc_chi/aboutus/aboutus_intro/aboutus_intro.html

5 平成20年度東京都公立図書館調査（平成21年3月20日訂正版）[EB/OL].[2009 - 04 - 02]. http://www.library.metro.tokyo.jp/15/pdf/20tyosa.pdf

大都市城市公共图书馆总分馆建设的管理创新与实践

——以上海市中心图书馆知识管理与服务系统为例

张 奇 孙 健

The Management Innovation and Practice of Main - Branch Library Construction of Metropolitan Urban Public Library

——Taking the Knowledge Management and Service System of the Central Library in Shanghai as an Example

Zhang Qi Sun Jian

摘要：本文以上海市中心图书馆知识管理与服务系统建设为例，探讨了在我国目前体制下如何实现在大都市城市公共图书馆总分馆建设中的管理创新和最佳效益。

关键词：城市图书馆，中心图书馆，总分馆，知识管理，知识服务

Abstract: This paper takes the knowledge management and service system of the central library in Shanghai as an example and discusses how to realize the management innovation and best benefit of main - branch library construction of metropolitan urban public library.

Keywords: city library, central library, main - branch library, knowledge management, knowledge service

1 前言

建设上海市中心图书馆是发展社会主义文化事业、加强社会主义精神文明建设、全面推进城市信息化的重要举措，是构建公共文化服务体系的重要组成部分。它是在不改变各参与图书馆的行政隶属、人事和财政关系的情况下，以上海图书馆为总馆、其他区县图书馆、高校图书馆或专业图书馆等为分馆，街道乡镇图书馆为基层服务点，以网络为基础，以知识导航为动力，以资源共建共享为目标，以提高服务水平为目的而组建的一种新颖的图书馆联合体。自2000年底开始筹划，2001年6月第一批4家分馆正式揭牌运行，2003年"一卡通"在23家区县图书馆实现全覆盖，2005年9月向街道乡镇基层服务点延伸，至2010年12月"一卡通"在212家街道乡镇图书馆实现全覆盖，以"一卡通"通借通还为载体连接市、区县、街镇公共图书馆、贴近百姓的大都市城市公共图书馆服务体系及服务网络基本建成，而且"一卡通"通借通还量每年以30%的速度增长，充分显示大都市城市公共图书馆服务体系建设所发挥出来的同城积极效应。

张奇，上海图书馆(上海科学技术情报研究所)协调辅导处，处长，研究馆员。E - mail:qzhang@libnet.sh.cn

孙健，上海图书馆(上海科学技术情报研究所)协调辅导处，馆员。E - mail:jsun@libnet.sh.cn

2 现状与问题

自2000年12月启动以来,上海市中心图书馆已逐步形成以上图总馆为核心、23家区(县)馆为分馆、212家街(镇)馆为基层服务点的"一卡通"服务网络。在构筑这样一个覆盖全市三级公共图书馆服务网络的同时,也形成了一张覆盖全市公共图书馆的三级管理网络。由于上海市中心图书馆是在不改变各参与图书馆的行政隶属、人事和财政关系情况下组建起来的总分馆建设模式,虽然服务网络的结构是紧密的,但管理网络的结构是松散的,这"一紧一松"形成了中心图书馆管理上"两多两少"的实际情况,即对象多、事情多、人员少、手段少。

"对象多"即管理对象涉及服务网络中各单位相关部门的人员,机构对象多、部门对象多、人员对象多,而且每家单位的基础条件、业务水平、人员配置的情况都存在差异。"事情多"即管理工作涵盖从宏观的规范制度制订,到微观的每一项具体工作的管理。"一卡通"业务就涉及办证、馆藏加工、书刊条码分配、图书分栋、物流运送、书刊验收、剔旧处理、业务统计、网络和设备巡检等,还包括会议、培训、辅导、馆址变迁、开放时间变更、简报、新闻收集等。"人手少"即上图总馆承担中心图书馆协调管理的专职人员仅为3人,区县分馆专职从事中心图书馆协调管理的专职人员配备也较为紧张。"手段少"即业务管理和交流沟通多采用电话联系、召开会议、电子邮件等传统方式。因此,在实际管理工作中碰到较多难点,信息收集难、流程控制难、情况掌握难最为明显,归根结底主要存在以下几个方面的问题:

第一,缺乏约束力,执行力不强。上海市中心图书馆的运行模式打破了原先各自为政的方式,要求各参与馆在一个统一的目标和理念下协同作业。但这种横向的、松散的总分馆运行模式,使得隶属于不同的人、财、物系统的各分馆和各街镇基层服务点以各自主管部门布置的工作和任务为重,在贯彻落实中心图书馆的工作和任务上约束力不强,良莠不齐;同时,总馆对于各馆的执行情况也无法及时了解和全面掌控,在一定程度上影响了团队的执行力。

第二,缺乏有效手段,工作效率不高。中心图书馆管理对象多,需要沟通交流的事情多,频率高,且几乎涉及各馆方方面面的部门和人员。如有关会议、培训、活动参与、业务征询等要与各分馆的馆长、辅导部或办公室联系；有关“一卡通”业务的要与各分馆的流通部、采编部、技术部联系。街道乡镇图书馆虽然没有细分业务，但人员变动、流动较大。而这些沟通交流往往是通过传统的电话、邮件、传真、MSN 等方式进行，耗人、耗时、耗能，工作效率较低。

第三，缺乏有效平台，反馈不及时、信息不对称。总馆、各分馆、各基层服务点虽然在同一系统运行，由于行政上不是统一管理，各分馆缺少及时主动向总馆上报信息的意识，各基层服务点也缺少及时主动向所属区县馆上报信息的意识，特别是馆址和开放时间时有变化，由于没有及时通知总馆，致使对外公布的信息与实际情况存在差异。不问不报，问了才报，造成信息不对称，给图书馆和读者都带来不利和不便。

第四，缺乏有效监控，无法全面掌握整体情况。中心图书馆核心的业务就是“一卡通”。以物流为例，按照合约邮政物流公司至少每周一次去所有的服务点送书或取书，但在实际运作过程中，总馆无法知晓在一定时间内哪些馆是物流盲点，每个馆的书刊是否及时回流，物流送书时是否存在错送、漏送等，无法实时了解到业务工作的当前状态，无法及时掌握当前业务的真实整体情况，影响到服务质量的提升。

第五，缺乏先进管理理念，知识资产易流失、难共享。日常工作的成果及经验积累多以个人的形式保存在图书馆馆员的脑中或者电脑中，一旦人员流失，相关的知识资产也会随之流失，这种情况在街镇馆尤为突出。即使人员不流失，对于知识资产的保存手段也比较原始，多以文件的形式保存，一旦人员外出，则无法获取相关文档，也无法在第一时间让新员工共享，无法支持员工的自主学习和知识共享。

鉴于上述五大主要问题，上图总馆认识到原有传统的管理方式已跟不上庞大体量的中心图书馆的发展，担不住实现“一卡通”街镇全覆盖的重任，满足不了各分馆、各街镇馆的需求，已成为阻碍上海市中心图书馆进一步创新发展的瓶颈。2009 年 8 月上图总馆开始策划酝酿上海市中心图书馆知识管理与服务项目，旨在引入知识管理的先进理念，通过新的管理手段和方法，达到信息渠道畅通、信息反馈及时、流程状态清晰、情况掌握准确、管理成本缩减，知识文档共享，发挥知识管理的效益，提升管理的能力、水平和质量。

3 思路与做法

3.1 正视现状、解决问题、创新驱动，建设上海市中心图书馆的管理网络平台，促进管理和服务的统一协调发展

面对现状与问题，中心图书馆管理必须依托信息化的技术创新手段，搭建集协同工作、流程控制、知识文档于一体的知识共享平台、管理平台和服务平台，把总馆、分馆的协调管理人员从繁重、琐碎的事务联系的沼泽中解脱出来，腾出时间抓管理；把总馆、各分馆、各基层服务点产生的，以及馆与馆流程中产生的所有知识管理起来，促进知识的积累、应用、共享和创新，同时服务于总馆、各分馆、各基层服务点，形成管理保障服务、服务推进管理，管理和服务统一协调发展的模式。

第一，将中心图书馆业务管理工作中没有实现信息化管理的作业，如物流、条码、巡检等纳入平台，使工作过程透明化、自动化，缩短流程环节之间的响应速度，从整体上提高管理效率。

第二，将中心图书馆事务管理工作中没实现信息化管理的作业，如通知、新闻、馆址/开放时间等纳入平台，提供多种有效的信息沟通方式、更新维护方式，减少事务性工作，节约人力成本、时间成本，提高效率。

第三，将培训、业务辅导等原来以文档方式记录的信息，通过系统实现知识信息、业务数据的结构化集中管理，并按照层次、权限，提供可控的知识资源的共享和应用。

3.2 立足核心业务管理，延伸拓展管理内容，构建涵盖总分馆业务、贯穿总分馆三级管理，具有特色分明、功能齐全的中心图书馆知识管理与服务系统(图1)

第一，采用知识展现层、知识管理层、知识数据层和应用基础服务层组成的四层总体框架，以构成流程清晰、各模块功能明确的整合协同业务框架结构。

第二，以立足核心，延伸拓展为原则，将上海市中心图书馆管理划分为业务管理、信息共享、档案记录三大板块内容，即围绕“一卡通”通借通还的业务管理板块、围绕加快总馆、各分馆、各基层服务点的信息传递，提高事务管理效率的信息共享板块、围绕促进知识再利用，推动总馆、各分馆、各基层服务点的知识文档管理的档案记录板块。

第三，梳理各模块管理重点，突现各模块功能特点。例如，物流管理在于物流盲点、异常送书的挖掘；条码管理在于从申请、打印、发放、验收的全流程管理；业务统计在于数据的聚合；馆藏加工质量控制在于索书号、条码号以及图书状态的异常监控；网络及设备巡检、业务辅导在于巡检、辅导质量反馈；通知在于回执；新闻在于核发和多维度的主题标引；巡展在于展览申请时间、申请者的申请核发管理；馆址/开放时间在于自我管理和开放时间自动汇总显示；读者活动预告、简报在于与网站的无缝整合；业务培训、读者活动登记在于全方位的档案记录；规章制度在于版本控制等，以形成各模块各自亮点。

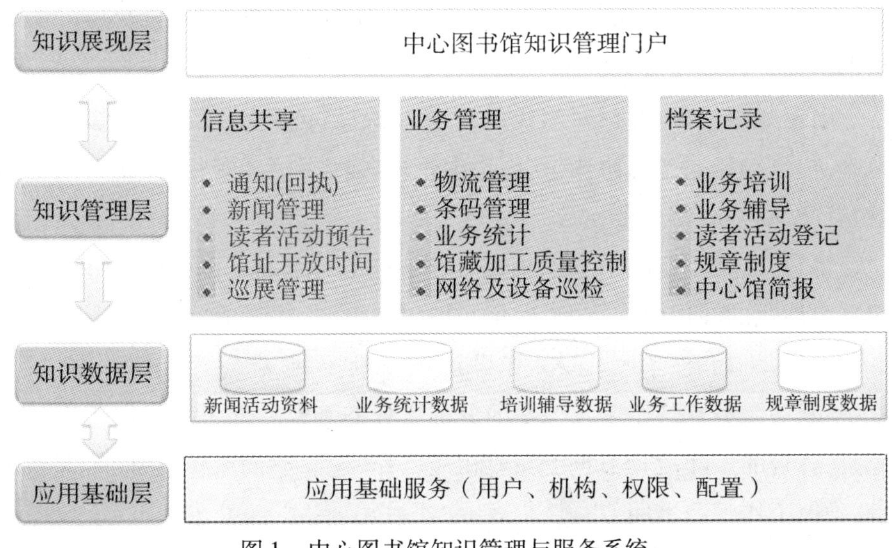

图1 中心图书馆知识管理与服务系统

3.3 满足总馆、分馆、基层服务点多层组织架构，构建层次化的、自我管理的中心图书馆知识管理与服务平台

上海市中心图书馆是由总馆、分馆和基层服务点组成的三层树状的组织管理架构。在三层树状的组织架构中，总馆是根节点，可以管理所有的第二、第三层节点。分馆作为第二层节点，也可以对节点下所属的第三层节点进行管理和指导。基层服务点作为底层节点，主要实现自我管理。因此，管理框架不仅要满足顶层总馆的管理需求，同时也要可以服务于第二级、第三级单位的管理需求，充分满足各分馆、各基层服务点掌控自身业务、信息的需求，激发共同参与管理的热情。

第一，采用机构库统一集中管理，用户、权限分层分级授权的模式，以保证机构库中各类信息的正确、准确。

第二,采用基于SaaS模式的多层业务架构,梳理各模块针对于总馆、分馆、基层服务点的共性的业务管理需求,提供满足层级关系的各馆之间的上传下达、下传上达的信息互通渠道,实现上下互通的业务自我管理服务。

第三,提供层次化的管理域划分,明晰中心图书馆业务和信息共享的管理层次,同时,通过建立满足横向的馆与馆之间的信息共享机制,为分层的自我管理和信息同享提供有效支撑,实现满足纵横双向的信息共享和互通。

3.4 以知识管理为核心,构建协同工作、协同管理、知识共享的中心图书馆知识管理与服务系统

引用知识管理理念,对组织的现有知识进行有效管理,建立多层次知识库,构建知识共享与协作平台,集中管理各种文档和资料,让用户能够高效、有序地获取和分享组织知识。

第一,按照用户在中心图书馆业务和工作中的不同角色,为每个用户建立个性化的知识门户,在个性化知识门户中与"提醒业务"相结合。

第二,将物流、条码、巡检、馆藏加工质量控制、巡展等需要总馆、各分馆、各基层服务点甚至涉及外部的分拣服务商和巡检服务商协同工作的内容,在各自的工作流程节点上完成相应操作,建立协同工作、协同管理的平台,确保工作流程透明。

第三,对物流、通知、活动、业务统计、巡检、巡展等各类不同类型的知识信息进行统一管理,并提供不同的知识标签分类服务,建立统一知识库,实现多维度的知识分类和展现。

第四,将新闻、简报、活动预告、馆址开放时间等知识信息和中心馆网站整合,提供统一的知识发布服务,确保为读者提供的信息服务内容的全面、及时和准确。

4 创新与成效

上海市中心图书馆知识管理与服务系统是面向总馆、分馆和基层服点各对象,涵盖总分馆的信息共享、业务管理、档案记录各个方面,集协同工作、流程控制、知识文档于一体的知识共享平台、管理平台和服务平台。它

365天每天24小时不间断服务，是上图总馆在公共文化服务体系建设中的管理新举措和新平台，是上图总馆在大都市城市公共图书馆总分馆建设中的管理创新与实践。

4.1 创新点

本系统沿用不改变行政隶属、人事和财政关系的总分馆组织结构，引入知识管理的先进理念，将知识资本视为总分馆建设中的最重要资源，通过收集、加工、存储，发布总馆、各分馆、各基层服务点在相关业务以及应用系统、流通环节上产生的所有知识，达到隐性知识显性化、分散知识聚合化，促进知识的积累、知识的共享、知识的应用和知识的创新，实现管理理念的创新。

本系统不同于其他通用的知识管理系统，而是从中心图书馆建设的实际出发，围绕"一卡通"通借通还的核心业务，建设物流、条码、统计、馆藏加工质量控制、网络及设备巡检的业务管理模块；围绕加快总馆、各分馆、各基层服务点的信息传递，提高工作效率，建设通知、新闻、馆址/开放时间、巡展、读者活动预告的信息共享模块；围绕促进知识再利用，推动总馆、各分馆、各基层服务点的学习型组织建设，建设业务培训、读者活动登记、简报、业务辅导、规章制度的档案记录模块，形成三大板块内容各有侧重，又互为关联，全面协同，各有亮点，实现管理内容的创新。

本系统深入核心业务管理流程，对管理流程的每一步设置关键属性，提供关键信息的搜索、统计和汇总，同时通过"提示信息"、与电子邮件、手机短信等整合，让工作流上的分散在不同地区不同单位的工作人员都能及时被告知需要处理的工作信息，实现工作进度的自动管理；通过各类知识的收集和对比分析，对流程中的关键属性指标进行实时监控，并将结果及时反映到相关模块工作平台上，实时动态管理；为总馆、各分馆、各基层服务点的各类授权人员提供任何时间、任何地点的全天候无边界的知识共享服务，实现管理的远程网络化，从而实现管理手段的创新。

本系统以发挥总馆引领作用为前提，以总馆带动分馆、基层服务点为根本，为无行政隶属、人事和财政关系的各分馆、各基层服务点提供信息共享各模块、业务管理各模块、档案记录各模块的管理与服务，通过总馆的服务助推管理。服务就是管理，管理就是服务，让各分馆、各基层服务点从消极地被管理到积极地参与管理，客体转变为主体，实现管理方法的创新。

本系统的通知、培训模块之间,读者活动预告、读者活动登记、新闻模块之间等高度整合,与短信平台、邮件系统、中心图书馆网站等无缝集成;采用基于SaaS模式的多层业务架构,把软件即服务的理念贯穿于管理之中,对于各馆共性的信息管理需求,提供统一管理服务;采用基于角色的访问控制(RBAC)进行统一权限管理,可以灵活配置每个应用的角色、操作、资源的权限,实现机构、用户、角色、模块、菜单的精细化分级管理;支持知识资源的多维度定制和多维度展现,包括自定义过滤条件、自定义统计指标、自定义图形展示、自定义分析(多维交叉表)等,实现技术的整合创新和应用创新。

本系统为不同机构、不同部门、不同角色的工作人员建立无数个个性化的知识管理与服务平台,把相关的各项业务、工作及时推送到个人工作平台,实现异地的自我管理;同时通过统一的知识目录、知识规则定义和精细化管理,既保证总馆、各分馆、各基层服务点相关知识和应用的独立性,又井然有序地聚合相关知识和应用,在同一平台上实现跨地区、跨时间、跨机构、跨部门、跨员工的业务协同、工作协同,实现总馆与各分馆、总馆与各基层服务点之间、各分馆与各基层服务点之间的随时随地协同管理和知识共享,形成适应总分馆的可持续发展的管理机制,实现管理机制的创新。

本系统以知识管理为核心,旨在利用科技将人与信息充分结合并创造出知识分享的学习文化,团队文化和行业文化,以促进员工的自我学习、自我充电,促进机构的学习型组织形成,促进行业的整体素质提升,适应不改变行政隶属、人事和财政关系的总分馆组织的管理。管理不再只是管理的有序、规范、高效,更是着眼于长期效益,创导学习、共享知识,凝聚团队,实现管理的效益评价创新。本项目以知识管理为核心,其目的在于利用科技将人与信息充分结合并创造出知识分享的学习文化、团队文化和行业文化,实现管理效益评价的创新。

4.2 成效

自2010年11月和2012年6月起在上海市中心图书馆262家机构全面运行一期、二期模块以来,不仅受到各馆用户的广泛好评,更重要的是它的应用使总馆、分馆、基层服务点成为一个从组织架构、业务流程、能力提升、绩效考核、知识共享等多方面紧密配合的整体,解决了总分馆建设的管理"七力"的难点,为大都市城市公共图书馆服务体系建设的新一轮创新发展打下了基础。

第一，有效提高了总分馆模式下各级图书馆的执行力。通知、物流、条码、馆藏加工质量控制等模块的运行，有效保障并提高了各级图书馆的执行力。总馆、各分馆布置的各项工作和任务，各馆都能在第一时间获取并及时做出回应，总馆、各分馆可通过"查阅人"、"回执馆"、"未查阅馆"、"未查阅人"、"未回执馆"等，实时了解各馆的执行情况。总馆可以通过"物流盲点"、"发送接收异常"以及各馆登记情况等，实时了解各馆、物流公司、分拣公司的执行情况。总馆还可以通过"新增"、"存量"两种状态，知晓各馆是否对馆藏加工问题数据及时做出修改等，促进了总馆、分馆、街镇服务点之间的工作业务协同，有效地提高了各级图书馆的执行力。

第二，有效提高了总分馆模式下总馆、分馆的掌控力。本系统提供了一个各层级图书馆间时刻保持沟通的平台，各馆的掌控力主要体现在三个层面：一是总馆对各分馆、各基层服务点的当前业务、工作等情况的实时、准确的、全域性的全面的掌控力。二是各分馆对各下属的基层服务点的当前业务、工作等情况的实时、准确的、区域性的全面掌控力。三是各基层服务点在新闻、馆址/开放时间、规章制度、培训、读者活动预告上实时的、准确的、全域性的全面掌握。通过全面掌握，总馆、各分馆可以全方位了解各馆的业务开展情况，并可以对这些信息进行分析和研究，作为考核绩效的依据。

第三，有效提高了总分馆模式下各级图书馆间的凝聚力。虽然是松散的行业联盟，但在"一卡通"核心业务的基础上，总馆一直是以更好地服务于分馆、基层服务点为宗旨，希望帮助分馆提升业务能力，为分馆提供各种帮助——提供业务培训、读者活动登记、业务辅导等档案记录的平台；为各馆提供新闻上传、巡展共享、读者活动预告等信息共享，频繁的业务信息的交流和共享，使总馆与分馆、分馆与分馆、分馆与基层服务点之间的联系更加紧密，激发了各馆的积极性，增强了各层级图书馆之间的凝聚力。

第四，有效提高了总分馆模式下各级图书馆的学习力。各馆随时可以通过本项目获取有用的知识信息，一是避免了因人员流失，知识资产随之流失的情况发生。二是改变了以前一有问题就打电话找总馆，降低来来回回信息沟通的繁复。三是有效带动了员工的自我学习、自主学习和在线学习，有效促进了学习型团队和行业文化的建设。如有操作流程上的不明确,随时可以通过平台查阅规章制度模块中的相关操作流程;可根据每年的流通分类统计数据来制订每年的图书采购比例;通过新闻、读者活动预告、培训等模块的知识资源,大家还能相互学习和借鉴各馆的经验和做法。

第五、有效提高了总分馆模式下各级图书馆的应变力。系统运行后,若"一卡通"系统需要短时维修暂停服务时,总馆可以从通知模块及时发出通知,各馆工作人员可以及时通过手机短信、电子邮件了解信息,及时做好告知工作并按应急预案启动应急服务。此外,本项目还上传有中心图书馆"一卡通"服务窗口应急预案、应急还书操作流程、"一卡通"故障技术支持流程等,各馆遇到系统使用上的突发情况除了直接电话联系总馆外,还可以随时在管理系统上找到应急处置的方法,有效地提高了各馆的应变力。

第六,有效提高了总分馆模式下各级图书馆的决策力。本系统汇集了来自总馆、各分馆、各基层服务点的一手材料和可靠数据,为各馆的科学决策提供了依据。如物流模块,总馆可以实时地了解每次的物流发出和接收的情况,根据物流的统计数据,可以决定是否需要调整频率;根据物流的运行正常与否,可以判断是否需要和物流承运方进行沟通和协商等。各馆可以根据各项业务统计数据的走势,办证读者的年龄、职业等分布情况,对于书刊的投入比例、投入量,普通图书与少儿图书比例,图书采购重点类目等做出较科学的决策。

第七,有效提高了总分馆模式下各级图书馆的创新力。本系统的建成,使原来一些做起来很困难的事情现在变得简单易行。例如,巡展模块就是在后期新增的。此模块的推出推进了各馆展览资源的共享,各馆可以在平台上发布本馆的展览信息,有兴趣的馆可以预约共享,既减少了资源浪费,体现了环保的理念,又使一馆的展览在他馆轮回巡展变得可能,不仅实现了中心图书馆业务的创新,也实现了各馆业务的创新。今后更多的业务也会同样如此,通过开发更多的模块予以实现。同时,各馆可以通过新闻、读者活动预告等充分共享他馆的经验和做法,实现各自业务的创新,提高各馆的创新能力。

5 结束语

总分馆建设是推进社会主义文化大发展大繁荣、推进公共文化服务体系建设的重要举措,是体现公益性、基本性、均等性、便利性,满足广大百姓基本文化需求的图书馆基本服务的必由之路，在国内公共图书馆界形成了各具特色、多种模式的总分馆建设的热潮。目前国内总分馆建设的模式虽有差异，但在总分馆管理上有着许多共性的难点，适应总分馆建设的上海市中心图书馆知识管理和服务系统，是国内总分馆建设中突破难点的一种管理创新与实践，同时，它也将在适应大都市城市公共图书馆服务体系建设中、在适应数字化转型发展中不断生长和发展。

参考文献

1　上海图书馆上海科学技术情报研究所. 上海市中心图书馆发展报告(2000—2010)［M］. 上海:上海科学技术情报研究所,2010

2　万达信息股份有限公司. 上海市中心图书馆知识管理与服务系统技术报告［R］,2011

公共图书馆服务体系建设中的"杭州模式"研究

梁　亮　冯继强

A Study on "Hangzhou Mode" in Public Library Service System

Liang Liang　Feng Jiqiang

摘要：公共图书馆服务体系建设涉及学科专业性和地域范围以及行政、财政管理体制等多方面的问题。可持续性发展成为近年来这一领域中探索研究的焦点问题之一。"杭州模式"借鉴国内外多方经验，成功构建了以杭州图书馆为中心馆，以区县(市)图书馆及其下一层级图书馆为总分馆的"中心馆—总分馆"服务体系，在"大杭州"范围内实现了让公众最大限度和最为便捷地"享有普遍均等"的公共图书馆服务，并具有很强的可持续发展性。

关键词：公共图书馆服务体系，中心馆—总分馆，杭州模式

Abstract: Public library service system involves professional training, administrative system, financial management system and other aspects. Sustainable development has become one of the most focused topic in this area's research since the last few years. "Hangzhou Mode", the main - branch library system, has developed in "Greater - Hangzhou" Area, provides public library service for everyone more conveniently than before.

Keywords: public library service system, central library—main - branch library system, Hangzhou Mode

构建完善的公共图书馆服务体系，科学的制度设计、可持续发展的模式和模式的可推广性是三个关键要素。在我国目前现行的财政体制下，相关法治缺位的现实中，它们既是保障服务体系正常运营的基础和前提，又是使其具备可持续生命力和推广价值的体现。

当前关于国内公共图书馆服务体系建设研究的诸多笔墨大多集中在"总分馆制"模式上，如"嘉兴模式"[1]、"苏州模式"[2]等。近年来杭州图书馆历经公共图书馆通借通还"一证通"和"城乡一体化建设"的不断探索，最终形成了业界关注的"中心馆—总分馆"模式。因此，从该模式的形成背景、概念、运行机制、特点和效果等几个方面进行阐述分析，有利于业界全面认识、了解其创新性、科学性、可持续性以及借鉴性。

梁亮，杭州图书馆副馆长，副研究馆员。E - mail：575877886@qq. com

冯继强，杭州图书馆，副研究馆员。E - mail：956892762@qq. com

1 “杭州模式”的发展背景及概念阐释

1.1 发展背景

据2012年相关统计，杭州市行政区域包括13个区县(市)，193个街道(乡镇)、3041个村(社区)。“联盟式总分馆制”是2003年杭州市公共图书馆服务体系建设之初采用的模式，即在实现“九馆一证通”的基础上，以“图书信息一证通”工程为平台，通过九馆的合作共建，以及乡镇(街道)、村(社区)基层服务点的网点建设，逐渐形成一个以杭州图书馆为总馆，区、县(市)馆为分馆，乡镇(街道)和村(社区)为基层服务点的四级图书馆服务网络，从而构成跨行政区域的图书馆联盟。其特点是保持各成员馆“人财物”不变的情况下，统一了技术平台、文献分编、业务服务规范、图书信息管理系统，从而在文献通借通还、书目数据共享的基础上，实现大服务、大流通。2007年荣获了文化部颁发的社会服务最高奖“全国第十四届群星(服务)奖”，这种模式也被业界称为“杭州模式”。

随着公共图书馆服务延伸的需求不断提高，服务体系的建设成为满足城乡居民对图书馆服务需求的一种必然，作为总馆的杭州图书馆要全面顾及区(县)、乡镇(街道)、村(社区)2000多家公共图书馆的业务建设与服务，压力与日俱增。借鉴诸多国内外总分馆建设的成功经验，如美国公共图书馆“一元化”垂直管理系统和英国伦敦市立图书馆分层管理的模式，结合多年实践、建立试点探索，杭州图书馆提出了建立“中心馆—总分馆”服务体系的“杭州模式”。

1.2 概念阐释

阐释“中心馆—总分馆”概念，首先要厘清“总分馆”的概念。邱冠华和于良芝将总分馆体系定义为“由同一个建设主体资助，同一个主管机构管理的图书馆群，其中一个图书馆处于核心地位作为总馆，其他图书馆处于从属地位作为分馆。分馆行政上隶属于总馆，或与总馆一起隶属于同一个主管部门，在业务上接受总馆管理”[3]。高波、黄国彬、王晓云等业界专家对此都有自己的观点，李彬也对“公共图书馆总分馆”的概念进行了专文论述[4]。综合各家所述，人、财、物统一和资源的高度共享是总分馆的基本特征。拨繁就简，以上论述见仁见智，各地的尝试不乏成功的案例，但我们也清楚地看到成功的原因都有极其相似背景，而共同的软肋都是可推广性、参照性不强。笔者以为“模式”的成立是在它的生存适应性与生命力，所以，便于实施推广的“中心馆—总分馆制”必将在我们的公共图书馆服务体系建设中凸显其优势。

杭州模式“中心馆—总分馆制”的提出，是根据我国公共图书馆建设体制而设计的一种公共图书馆四级服务网络的运行模式，其内涵包括：①中心馆，是指一个地区承担业务指导、管理服务、技术支持、人员培训功能的图书馆，一般由地市级图书馆承担该职责。②总分馆体系，是指一个地区由同一建设主体资助、同一个主管机构管理的图书馆群，其中一个图书馆处于核心地位作为总馆，其他图书馆处于从属地位作为分馆。分馆在行政上隶属于总馆，或与总馆一起隶属于同一主管部门，在业务上接受总馆管理。③“中心馆—总分馆”模式是指在图书馆四级服务网络建设中实现城乡统筹、资源共享的服务链模式，一般地市级图书馆承担中心馆职责，区/县级图书馆承担总馆职能，乡镇/街道为分馆，村/社区为亚分馆。

2　杭州模式解析

“杭州模式”下的“中心馆—总分馆”运行机制有其独到的方式和特点。

2.1　制度设计

公共图书馆建设是以政府为主体，服务体系建设更需要有政府层面的支持，完善的制度设计与明确的任务目标，是一种模式具有生命力与可持续发展的保证。2011 年杭州市委、市政府就服务体系建设颁发《关于进一步加强杭州市公共图书馆服务体系建设的实施意见》（市委办发〔2011〕150 号）文件，用行政手段规定了区、县各级政府在“中心馆—总分馆”服务体系建设中各自的角色与担当，也为杭州市公共图书馆服务体系确立了明确的发展目标：以中心馆与总分馆制的运营模式，整合市、区县（市）、乡镇（街道）、村（社区）图书馆（室）资源，建立服务网络覆盖城乡、组织结构科学合理、文献资源统一调配、服务质量基本一致、运行高效节约、普遍均等的公共图书馆服务体系。力争到“十二五”期末，实现市、区县（市）、乡镇（街道）、村（社区）四级公共图书馆服务网络全覆盖，全市人均拥有公共图书馆的建设面积、藏书量以及公共图书馆服务水平居全国前列。更为重要的是文件中就基础设施建设、经费投入保障、管理员队伍要求、规范管理等作了明确要求。市政府就公共图书馆服务体系建设正式发文，由此带动区、县政府也相继颁发相关配套的实施意见。

2012年，中共杭州市委办公厅颁发《关于建立杭州市公共图书馆发展委员会的通知》（市委办发〔2012〕121号）文件，正式成立了杭州市公共图书馆发展委员会，由市委、市政府分管领导任主任，分管副秘书长和市文化广电新闻出版局负责人为副主任，市政府各相关部委办局分管负责人和杭州图书馆主要负责人以及各区、县（市）党委或政府分管领导为成员，委员会下设办公室负责全市公共图书馆服务体系建设的协调、指导、监督和考核工作。具有较高操作可行性、推广性的“杭州模式”水到渠成。

2.2　运行模式

2.2.1　中心馆—总馆之间

确立杭州图书馆是全市公共图书馆服务网络的中心馆，也是全市公共图书馆服务网络的业务指导中心、文献保障中心、技术支持中心、专业培训中心和信息服务中心。同时明确其主要职能是承担对区、县（市）公共图书馆业务的规划、指导、协调、评估；整合区县（市）公共图书馆资源，建立统一的技术平台、检索平台和服务标准；加强与高等院校图书馆、专业性图书馆的资源整合与共建共享服务网络建设等。

近年来，杭州图书馆绘制了“十二五”杭州市公共图书馆发展规划，制订服务标准，成立地区采编中心与文献保障中心，设专项经费保障区、县馆的文献需求；建立文献物流中心，推动杭州市公共图书馆发展委员会工作正式启动。

2.2.2　总馆—分馆—亚分馆

各区、县（市）图书馆作为当地公共图书馆服务网络的业务总馆地位，也是区域内公共图书馆服务体系的文献保障中心和业务指导中心，承担对本辖区内所有基层图书馆的业务规划、指导、管理、协调、监督和评估等职能，实现人、财、物统一管理与协调，从而使区、县级图书馆成为建设主体。我们选取了两个颇具代表意义的总分馆，一个是所处城区的江干区图书馆，另一个为桐庐县图书馆，以两馆为样本予以分析。

样本一：江干区图书馆总分馆体系

表 1　资助主体和管理主体

总馆	分馆	资助主体	管理主体
江干区图书馆	采荷街道分馆	江干区政府、采荷街道政府	江干区文广新局 江干区图书馆
	闸弄口街道分馆	江干区政府、闸弄口街道政府	
	四季青街道分馆	江干区政府、四季青街道政府	
	凯旋街道分馆	江干区政府、凯旋街道政府	
	丁桥镇分馆	江干区政府、丁桥镇政府	
	笕桥镇分馆	江干区政府、笕桥镇政府	
	九堡镇分馆	江干区政府、九堡镇政府	
	彭埠镇分馆	江干区政府、彭埠镇政府	

表 2　人、财、物的管理权分配

项　目	管理权力分配	
分馆人员招聘及管理	总馆负责招聘、调配和管理	区文广新局、总馆
分馆购书经费	区、街道（镇）和社区（村）三级投入	区财政统一管理
分馆人员工资	总馆考核发放	区文广新局、总馆
分馆设施设备	区、街道（镇）和社区（村）三级投入	区财政统一管理

表 3　总分馆业务关系

项　目	关系描述
规章制度及业务考核	总馆统一制定并进行过程管理，实施统一考核、绩效考核结果与下派分馆工作人员工资奖金挂钩；考核结果与街道（镇）文化工作绩效挂钩
阵地服务	通过免费开通市民卡，在“一证通”物流体系下，实现总分馆体系内的各类文献资源高度共享
读者活动	总馆制定整体框架，各分馆根据服务半径内服务群体需求设计各具特色的活动，形成有效总分馆联动
图书馆网络管理系统	总分馆共享，并分别设置各级使用权限
物流	由总馆负责整体规划、统筹和实施

在这种紧密型总分馆管理模式下，总馆通过在人、财、物上对分馆的全

面掌控，为提升每一个分馆的办馆条件和服务水平奠定了坚实的基础，也促进了街道（镇）和社区（村）投入力度的增加和工作的常态化，从而保证了分馆及社区（村）两级基层服务网络的正常运营和服务水平。通过《江干区图书馆分馆工作人员职责》对总馆下派到分馆的管理员进行考核，由江干区文化广电新闻出版局颁发《关于开展“书香钱塘”基层示范、达标图书室评选活动》文件来加强总馆对分馆的业务规划、指导、管理、协调、监督和评估等职能。

根据《杭州市公共图书馆服务标准》的各项数据[5]，我们从江干区图书馆总分馆体系下两个分馆样本对建设标准、服务标准以及业务状况三个方面进行对照分析。

表4　江干区丁桥镇、采荷街道分馆相关数据对照分析表

项目	分馆建设/服务标准[6]	丁桥镇分馆	采荷街道分馆
馆舍	不低于200㎡	600㎡	250㎡
设施	读者使用计算机≥10台；互联网接口≥2M；阅览座位≥80个；配备空调、监控设备	读者使用计算机12台；互联网接口≥4M；阅览座位80个；配备空调、远程监控设备	计算机10台；互联网接口≥2M；阅览座位≥30个
人员配备	≥1名专职图书管理员	4人（其中1人由总馆下派）	2人（其中1人由总馆下派）
馆藏	≥10 000册（含总馆配送图书）	图书20 000册 报刊144种	图书12 000 报刊105种
经费	辖区内常住人口1元/人/年	35万元	10万元
功能	图书外借、报刊阅览、电子阅览、文化信息资源共享工程服务等	图书外借、报刊阅览、电子阅览、文化信息资源共享工程服务等	图书外借、报刊阅览、电子阅览、文化信息资源共享工程服务等
借阅情况	全地区通借通还	全地区通借通还	全地区通借通还
开放时间	49小时/周	66小时/周，其中晚间开放18小时	49小时/周
资源更新	≥2次/月	1次/周	1次/周
读者活动	≥2次/年	每年活动6次，其中大型活动2次	每年活动6次，其中大型活动2次

表5　丁桥镇、采荷街道分馆业务数据对比表

项目＼分馆	丁桥镇分馆	采荷街道分馆
成立时间	2011年11月	1988年7月
全年读者到馆量(人)	12 500(2012年)	13 000(2011年)
全年累计借还量(册次)	22 440	29 340
累计办证量(张)[1]	826	737

注:1 开通读者市民卡借阅功能权限在总馆,此数据为不完全统计。

样本二:桐庐县图书馆总分馆体系

表6　总分馆关键因素列表[7]

项目	描述
资助主体	县文广新局、乡镇政府(县乡镇“两级投入,集中管理”)
管理主体	(总馆)县图书馆
人员配备	总馆向每个分馆派驻图书管理人员1名(工资总馆负责);当地配备管理人员(工资由当地政府负责)
经费	乡镇政府确保每人每年不少于1元购书经费,由总馆统一管理;分馆日常运行(水电、通讯、办公、馆舍维护等)由乡镇政府负责
图书等文献	总馆负责(≥1500册)
各方分责	文广新局负责全县乡镇分馆的整体规划,协调各乡镇和部门出台乡镇分馆相关政策、运行保障措施,监督指导实施与落实; 乡镇政府是建设分馆的主体,负责分馆的规划、建设以及政策措施的出台,落实分馆开馆及建立行政村图书流通点; 总馆负责分馆业务建设和指导工作
总分馆业务关系	总馆人力资源集中管理;统一采购、编目及配送;通借通还、资源共享;建立考核评价制度

表 7　分馆设施设备及服务标准

项目	要求	标准
馆舍选址和面积	在文化中心楼内或乡镇人员集聚地	≥500m²
设施设备	配备适当的书架、报刊架、阅览桌、椅	≥1 个
	配备空调	≥1 台
	配备电脑(可联网)	≥1 台
	配备扫描仪	≥1 台
	配备办公桌	≥1 张
馆藏文献	各类文献总藏量	≥10 000 册
	每年新增报刊	≥30 种
人员	配有高中以上文化的专职图书管理员	≥1 人
购书经费	按乡镇常住人口计算,统一,上交给县图书馆统一管理	1 元/人
电子阅览室	配备一定数量的电脑	≥10 台
开放时间	每周开放六天,节假日要求照常开放	≥48 小时/周

2.3　管理模式

2.3.1　统一服务规范

统一的服务规范竖起衡量服务质量的标杆。为促进杭州市公共图书馆事业的发展,建设完善的公共图书馆服务体系,保障公众的基本文化权益,也为了提高公共图书馆的服务质量和管理效益,在“大杭州”范围内,在“中心馆—总分馆”体系下,形成了“杭州市公共图书馆服务标准”,该标准从总则、服务资源、服务效能、服务宣传和服务监督与反馈五个方面对“中心馆—总分馆”体系下的各个层级图书馆的服务工作进行了统一规范。该标准在参考国家标准的同时根据杭州的实际情况适当提高,从而确保了各个层级图书馆的服务质量。

2.3.2　建立考核标准

科学严谨的考核机制是衡量服务工作效益的工具。将公共图书馆服务体系建设评价引入公共文化服务评价指标体系中,并纳入区、县(市)综合考评之列。在杭州市公共图书馆发展委员会领导下,杭州市公共图书馆“中心馆—总分馆制”考核必备条件与考核标准的出台,有力地推进了“中心馆—总分馆”建设。四个必备条件确定了总分馆建设的基本标准,区县(市)总馆考核标准包括了业务规划、合作与管理、对分馆支持力度和所在地区分馆的服务效益，突出了总馆规划、协调、管理和考核的功能；街道（镇）分馆考核标准和社区（村）亚分馆考核标准包括基础设施、人员配置、运营经费、对外服务和业务管理，根据层级在指标值与因素、分值权重上有所不同，分别突出了各自的区域服务业务重点与功能。

2.3.3　设立奖励与扶持专项资金

为解决因经济发展不平衡所带来的图书馆发展不均衡的问题，使全市的读者能享受到同质化服务，市政府设立专项资金，用以扶持经济欠发达地区的总分馆建设，对按标准建设与服务，通过考核的分馆给予一定资金的支持。

2.4　杭州模式下"中心馆—总分馆"的显著特点

2.4.1　分级管理，职责明确

"中心馆—总分馆制"与原有四级公共图书馆服务网络的设计理念是一致的，但更加强调体系建设中的分级管理，一方面确立了杭州图书馆是全市公共图书馆服务网络的中心馆的地位，使区县级图书馆成为县级总分馆的建设主体，市馆则主要对总馆业务起支撑作用，集中力量发挥中心的标杆和引领作用。这不仅确保我市公共图书馆服务体系建设级级有中心、层层有把关，还能有效提升各区县（市）馆的办馆实力和服务辐射能力，充分发挥区县总馆的节点调控作用，在县级总分馆建设人、财、物统一的基础上，形成资源合力，较好地解决基层服务点建设薄弱、管理缺失、人员素质低下等问题，最终实现文化建设的城乡统筹，以及文化建设成果的全民共享，特别是让基层群众享受到了更便捷、更优质的公共图书馆的服务。"杭州模式"明确了中心馆、总馆的地位和职能，加强了对乡镇分馆的引领和指导作用。确立杭州图书馆中心馆的地位，也使区、县（市）图书馆对本地区的业务规划、管理、培训、协调等工作有明确的目标与任务。在中心馆的业务支持下，区、县（市）图书馆负责辖区内的服务建设规划和具体实施，各级乡镇、社区（村）均纳入业务辐射范围，组成区、县（市）级总馆、乡镇（街道）分馆、村（社区）亚分馆服务网络，实现人、财、物的统一管理，文献资源的统一采购、统一编目、统一配送，最大程度共享资源，形成区域发展合力，大幅提升服务效益。

2.4.2　统一高效的物流体系，加强了各馆之间的业务关联度

在"中心馆—总分馆制"模式下，建立统一的文献物流中心，提升服务

效率。2008 年建立杭州市公共图书馆文献物流中心，以社会合作方式，引入统一规范的现代物流管理标准和操作方法，把文献通借通还过程中产生的所有流通环节，包括运回、分发、预约送达等全部纳入一个物流体系，统一管理，统一配送，从而解决各级图书馆（室）物流能力参差不齐、文献流通效率低下与读者快速增长的需求间的矛盾，提高服务效率，实现了服务体系的高效快速发展。

2.4.3　共建共享数字资源成为各馆业务创新发展的新载体

"中心馆—总分馆制"模式也极大地促进了图书馆数字资源的共建共享，成为探索图书馆发展的新载体。以杭州图书馆为中心，在不断探索传统物理图书馆生存和发展新出路的基础上，大力发展数字图书馆。经过不断地努力和创新设计，杭州数字图书馆终于在 2010 年正式开通运行，并且成功突破了服务范围、服务方式、用户终端的限制，开通了网站、手机、有线电视三个平台，市民可以通过杭州图书馆门户网站"文澜在线"、智能手机、华数电视等随时随地使用数字图书馆，免费查询和浏览图书馆各类借阅和书目信息，免费查看丰富的讲座、展览等视频、音频资料，免费下载各类数字资源。实现了图书馆服务的泛在化，从而加强了杭州地区"中心馆—总分馆"模式下各级公共图书馆数字资源的共建共享。

3　"杭州模式"下公共图书馆建设成效

为了能够对"杭州模式"的效果有一个纵向了解，我们对三年来（2010—2012）数据进行梳理[8]。

3.1　杭州市公共图书馆服务体系建设成效

3.1.1　资金投入情况

中心馆在体系建设中处于核心地位，在业务规划和指导的前提下，充分发挥自身优势，先后投入扶持区（县）总馆的建设经费 66.6 万元、文献资源经费 300 万元；提供积极的物流保障体系，三年共调拨、配送文献 1 076 679册（件），承担物流费584 911.8元（仅为启用专业物流公司后 2010 年 12 月至 2012 年 9 月数据）；因此，区（县）总馆服务能力持续提升，文献借阅量平均年增长 12.5%。从以下几组数据也可以看出"中心馆—总分馆"成效。

3.1.2 全市公共图书馆建设情况

表8 杭州市公共图书馆建设情况表

项目			2010年	2011年	2012年
基础设施情况	建筑面积(m^2)		120 419	120 633	130 059.3
	阅览座位(个)		7784	8040	8837
	读者用电脑(台)		839	842	896
	每周开放时间(小时)		886.5	909.5	949.5
资金情况(万元)	财政拨款		9360.8	12 379.8	15 576.7
		文献购置费	2615.5	3034.72	4046.9
人员情况(人)	正式工定编数		435	435	443
		实有	324	356	354
	编制内合同工指标		237	182	268
		实有	226	178	267
	大专以上学历		318	348	399
		图情专业	23	29	37
	中级以上职称		176	191	207
		高级	45	49	53
馆藏建设情况	馆藏总量(册件)		6 780 038	8 288 456	11 212 982
	新增藏量(册件)		969 878	1 020 340	3 042 630
		新增图书	330 024	463 020	2 441 804
	订购报刊(种)		11 381	12 621	12 634
	累计数据库(个)	购买	17	9	36
		自建	11	15	19

在“中心馆—总分馆”体系下,杭州地区的公共图书馆建设取得了长足的发展,基础设施逐年改善,为有效服务读者提供了可靠保障;在服务水准提升和社会效果明显的情况下,各级政府资金投入逐年增加,三年来平均增长26.39%,文献购置经费平均增长24.69%,馆藏总量平均增长

28. 77%，新增藏量平均增长 101. 7%，新增图书平均增长 233. 83%，数据库建设平均增长 57. 44%，从业人员数量、学历和职称逐年稳步提升。以上建设情况的改善为做好公共图书馆服务体系建设和开展好为广大民众文化服务工作提供了保障。

3. 1. 3　全市公共图书馆服务情况

在“中心馆—总分馆”为载体的运行机制下，服务效果与建设情况是相辅相成的。全杭州市的公共图书馆服务在近几年取得长足的发展，年流通总人次、年外借人次/册次、累计发放借书证/新增借书证、全年网站点击数、数字资源利用人次和咨询人次几个方面都有良好的发展态势（见表 9），其中 2010 年 6 月—2012 年 12 月杭州少年儿童图书馆闭馆装修，没有相关的业务数据，所以 2011 年和 2012 年相关数据没有显示出正增长。但是如果按照 2010 年 1—5 月份杭州少年儿童图书馆的相关业务数据（年流通总人次 259 526、年外借人次 36 528 和年外借册次 345 451）来测算，那么，全杭州市业务数据就呈现出明显的大幅度正增长。

表 9　杭州市公共图书馆读者服务情况表

项目＼时间	2010 年	2011 年	2012 年	总计
流通总人次	9 949 839	9 879 797	11 624 402	31 454 038
年外借人次	3760 900	2 230 835	2 660 719	8 652 454
年外借册次	8 264 076	8 129 239	9 870 809	26 264 124
累计发放借书证	525 100	625 071	778 487	1 928 658
年新增借书证	133 161	104 423	149 201	386 785
全年网站点击数	1 211 003	2 519 381	2 779 604	6 509 988
数字资源利用人次	689 287	818 786	1 684 406	3 192 479
咨询人次	64 950	47 616	82 876	195 442

3. 2　总分馆建设成效——以桐庐县图书馆为例

通过总分馆制，桐庐县总馆与分馆的办馆条件明显改善，文献保障程度获得大幅提升，整体取得了明显效果（表 10、表 11 数据均为 12 个分馆总和）。

表 10 桐庐县实施总分馆制前后对照表

项目	总分馆实施前	总分馆实施后	效能
用房面积	978m²	2 528 m²	开放面积增幅达258%。其中,最小的分馆面积也有110 m²,最大的为480 m²
阅览座位	170个	417个	增幅达245%
空调	2台	17台	增幅达850%
读者可用计算机	16台	174台	增幅达108%
专职管理员	无	1名	工作人员由总馆配备,队伍稳定,且具有一定专业水平
年购书经费	无常态化投入	平均达3.25万 最少不低于1万元	购书经费的投入常态化,为可持续办馆提供重要保障
开放时间	无固定开放时间	429小时/周	平均每个分馆的开放时间可达35小时/周
服务人数	3700人次	52 673人次	增幅达142%

表 11 桐庐县图书馆实施总分馆制后建设效果

项目 \ 时间	2009年	2010年	2011年
馆藏建设(册件)	282 178	306 799	344 431
流通总人次	250 539	253 057	251 154
年外借人次	134 647	189 449	173 504
年外借册次	245 010	329 517	369 990
累计发放借书证(张)	14 995	16 500	18 800
全年网站点击数	150 000	350 000	370 000
数字资源利用人次	30 000	31 000	50 000
咨询人次	7321	7795	8582
乡镇街道总数/分馆数量	13/13	12/12	14/12
社区总数/社区图书室数量	11/9	11/11	12/8
行政村总数/村图书室	186/124	183/183	183/128

本文表格中的数据显示,在“中心馆—总分馆”模式下,在中心馆的业

务指导下，总分馆的建设效果非常突出。馆藏建设情况、读者服务、延伸服务和基层图书馆建设情况稳步发展，基本做到全覆盖。最重要的是从“读者服务”、“延伸服务”两项业务可以看出基层图书馆事业正在以前所未有的良好势头发展，凸显出广大市民对于文化的强劲需求。满足这种需求需要科学的制度设计和运行机制，实践证明“杭州模式”解决了目前体制下的种种限制，成功地实现了“总分馆制”这种舶来模式的本土化和延伸化。

4　结语

构建公共图书馆服务体系的最终目的是满足公众就近、便捷、有效地获取信息知识、文化资源和其他文化服务，让公众享有“普遍均等”的图书馆服务。蒋永福“四个缺位”[9]和王雯琦制度经济学角度“四个机制”[10]的分析和设想，高瞻远瞩。“杭州模式”的制度模式创新使其既能够通过杭州市公共图书馆发展委员会进一步向“制度需求”的顶层设计锲而不舍地努力，还能够通过杭州市公共图书馆协会提升“制度供给”的水平，更可以通过“求同存异”的方式，绕过“财政分灶体制”给可持续发展所带来的各种阻碍，在“中心馆—总分馆”体系下，最大程度地解决了“制度安排”方面的问题，从而实现了“总馆建设主体和分馆建设主体统一，总馆主管部门与分馆主管部门统一，人、财、物管理统一和服务规范与水准统一”，成为具有可持续发展和具有很高借鉴价值的模式。

参考文献

1　李超平. 嘉兴模式的延伸与深化：从总分馆体系到图书馆服务体系[J]. 中国图书馆学报，2012(5)

2　邱冠华. 示范区创建中深化“苏州模式”的制度设计研究[J]. 中国图书馆学报，2012(5)

3　于良芝. 走进普遍均等的时代：近年来我国图书馆服务体系构建研究[J]. 中国图书馆学报，2008(3)

4　李彬. 公共图书馆总分馆概念辨析及其效益述评[J]. 图书馆工作与研究，2010(12)

5　参考数据来自《杭州市公共图书馆服务标准》2011 年 9 月“征求意见稿”。

6　参考数据来自《市委办公厅市政府办公厅关于进一步加强杭州市公共图书馆服务体系建设的实施意见》(市委办发〔2011〕150 号)和《江干区人民政府办公室关于印发加强公共文化体育服务体系建设实施意见的通知》(江政办发〔2011〕108 号)。

7　参考数据来自《桐庐县构建城乡一体化公共图书馆服务体系实施意见》(桐政办

[2009]70号)文件,《桐庐县图书馆乡镇分馆管理暂行办法》,《乡镇(街道)分馆合作共建协议书》有关内容。

8 数据来自《杭州市公共图书馆基本情况汇总表》(2009—2011年)。

9 蒋永福.制度缺位:中国图书馆事业发展的瓶颈[J].国家图书馆学刊,2006(1)

10 王雯琦.公共图书馆总分馆管理模式研究[J].图书馆管理,2011(5)

武汉市公共图书馆总分馆建设模式的实践与探索

肖　捷　李静霞

Practice and Exploration of the Main - Branch Public Library Mode in Wuhan

Xiao Jie　Li Jingxia

摘要：武汉市公共图书馆总分馆建设秉承灵活、务实的建设理念，充分整合全市公共文化资源，通过分项目实施、逐步推进发展，多途径吸收社会力量扩大建设成果，在借鉴先行者建设经验和不断总结本地区建设实践中，走出了一条独具特色而又可资借鉴的发展之路。

关键词：总分馆模式，武汉市流动图书书库，通借通还

Abstract: The construction of main - branch public library mode in Wuhan fully integrates the public cultural resources. Through operating with different projects and progressively promoting development, the construction absorbs social power by all kinds of approaches to practice the mode of service.

Keywords: main - branch library mode, mobile library stock in Wuhan, interchangeable borrowing and lending

十七届六中全会以来，武汉市文化建设进入到前所未有的黄金发展期，武汉市市委、市政府明确提出了“打造文化五城，建设文化强市”奋斗目标，要求文化工作不断为建设国家中心城市、复兴大武汉提供强有力的精神动力和智力支持，把加快构建覆盖城乡、惠及全民的公共文化服务体系作为文化建设的重点。在此背景下，武汉市公共图书馆在学习借鉴国内外图书馆先进经验的基础上，通过多种形式的总分馆体系建设地探索和实践，走出了一条独具特色而又可资借鉴的发展之路。

1　武汉市公共图书馆事业发展的现状

武汉是中部唯一的副省级城市、是华中地区最大都市及中心城市，下属行政区划辖区 13 个，另有非行政区划的经济开发区 3 个。全市总面积 8494 平方公里，常住人口 1002 万人（2011 年统计数据）[1]。近年来，武汉市政府不断健全完善以武汉图书馆、武汉市少儿馆为龙头，各区图书馆、文化馆为支撑、乡镇（社区）图书室、文化站为基础的图书馆服务网络；以实施社会文化重点工程为契机，全力推进了武汉市文化信息资源共享工程、流动服务工程及通借通还

肖捷，武汉图书馆，馆员。E - mail：401662567@qq. com.

李静霞，武汉图书馆，研究馆员，馆长。E - mail：jingxiali@yahoo. com. cn.

等工程的建设与发展；以打造城市文化品牌为抓手，形成了“名家论坛”公益讲座、“童窗讲坛”等服务品牌，已基本形成了市、区、街（乡、镇、场）、社区（村）图书馆（室）、文化馆（站、室）四级公共文化服务网络。目前全市共建有公共图书馆16个，其中市级公共图书馆2个，区级公共图书馆14个，市级公共图书馆建立分馆65个、各区级公共图书馆建立分馆共400个，并建立了统一的“Interlib业务管理平台”，逐步推进“一卡通”式文献通借通还服务。据2011年底的统计，全市公共图书馆服务体系基础业务建设概况如表1。

表1　武汉市公共图书馆服务体系基础业务建设概况

总　馆	阅览面积（m^2）	阅览坐席（个）	总藏量（万册、件）	购书经费（万元/年）	设立分馆（个）
武汉图书馆（中心馆）	32 975	1587	204	660	62
市少儿馆	5760	500	75	115	3
江岸区	3000	220	14.7	16	21
江汉区	3022	310	21.7	25	30
硚口区	3439	327	18	23	51
汉阳区	3377	400	13.1	15	21
武昌区	1500	100	20.57	15	50
青山区	3200	200	19.3	30	22
洪山区	在建	60	16.4	21	33
东西湖	2075	300	19.2	25	24
汉南区	2008	260	9.19	5	20
江夏区	2550	320	17.73	15	22
蔡甸区	2037	310	14.6	20	22
黄陂区	1762	220	13.8	15	40
新洲区	1732	312	10.59	10	24
江岸区少儿图书馆	3000	—	—	5	20

在事业发展的同时，也存在着一些亟待解决的问题：①在“分级管理”的行政体制下，全市公共图书馆建设受区域经济发展水平的影响呈现出发

展水平不均衡，城乡及区域发展差距较大的现象。②基层图书馆（室）发展水平仍然很低，办馆条件较差，许多基层图书馆缺乏基本运行资金，设施设备陈旧落后，藏书破旧过时，信息资源缺乏，知识容量、信息聚集能力和服务水平都难以满足读者日益增长的文化需求。③大部分街（乡、镇）图书馆（室）缺乏自我发展的机制，许多馆（室）是在缺少资金、设备、资源的条件下创办的，能否持续发展，关键在于能否得到经济及资源上的支持，而这种支持目前还缺乏有效的保障机制。④街（乡、镇）图书馆（室）管理人员素质亟待提高，基层图书馆（室）大多数管理人员大多没有经过系统的专业培训，专业知识、服务技能和管理能力严重影响了图书馆服务功能的发挥。

2　武汉市公共图书馆总分馆建设的运作方式与模式

为构建普遍均等图书馆服务体系，保障广大人民群众的基本文化权利，提高武汉市公共图书馆整体发展水平和服务能力，武汉市公共图书馆开展了总分馆建设的实践和探索。

2.1　武汉市公共图书馆总分馆模式的运作方式

以公益性、基本性、均等性、便利性为建设原则，武汉市公共图书馆总分馆体系构建采取两级总分馆系统联盟的模式，即由武汉图书馆、武汉市少儿图书馆和各区图书馆组成总馆联盟，每一个总馆结合自身优势，在统一规划下，以加盟、直营、合作和委托等多种形式开展分馆建设。依据总馆服务对象不同并结合其自身优势，通过统一规划，各总馆体系下的分馆建设，各有侧重又互为补充：①武汉图书馆总分馆系统由武汉图书馆作为总馆，分馆主要由大型厂矿企业机关图书馆、军队、监狱图书馆、大型社区图书馆、社会上的民营图书馆、其他申请加盟的图书馆等构成。②武汉市少儿图书馆总分馆系统由武汉市少儿图书馆作为总馆，分馆主要由各中小学校图书馆构成。③各区图书馆总分馆系统由武汉市各区级图书馆作为总馆，分馆主要由各社区图书馆（室）和各村镇图书馆（室）构成。

武汉图书馆是总分馆系统中的中心馆，对联盟中的各总馆进行业务和技术上的指导和帮助，并负责推进武汉地区整个总分馆系统联盟的建设进度。联盟内所有成员在统一服务平台协调管理下，各分馆按照总馆的要求对业务工作进行统一的规范，及时上报相关工作数据。同时，按照“分解难点、分项目实施、分阶段推进”的发展策略，以搭建统一平台构建一体化服务为发展方向，不拘一格开展建设，大胆启用技术创新，有效整合“武汉市流动图书书库”、“武汉市共享工程”、“市民之家”、“武汉图书馆汽车图书馆服务网络”、“武汉地区公共图书馆文献通借通还项目”、“武汉地区公共图书馆讲座、展览联盟”、“武汉市 24 小时自助图书馆”等项目建设成果，逐步实现资源的全共享、全流动，最终实现建立地域全覆盖、业务规范、服务便捷、资源共享、可持续发展的公共图书馆服务体系的建设目标。

其基本运作框架图如下图所示：

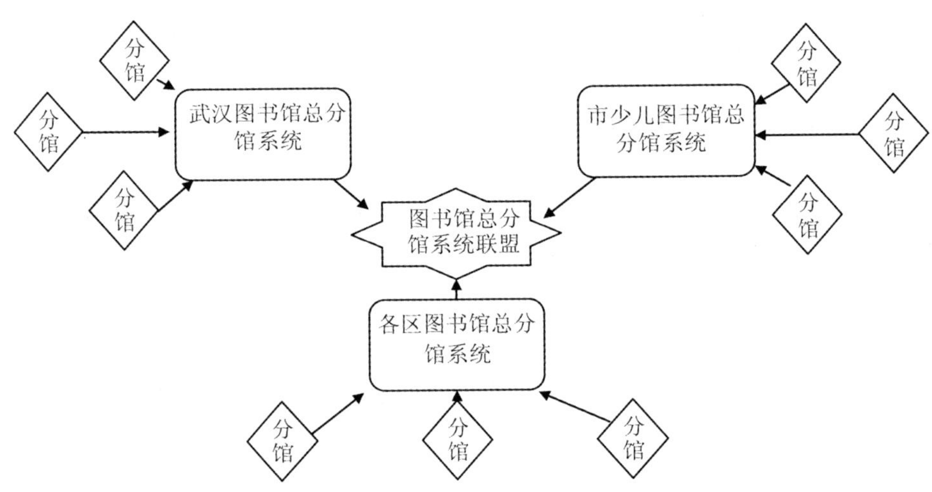

图 1　公共图书馆服务体系基本运作框架图

2.2　武汉市公共图书馆总分馆建设的模式

2.2.1　总分馆系统联盟运行模式

明确统一规划、分级管理、优化布局建设思路，以“武汉市流动图书书库”项目建设为基础，建立以武汉图书馆为中心馆、多种类型分馆并存的两级总分馆系统联盟运行模式。

2005 年我市正式启动“武汉市流动图书书库”建设项目，流动书库的建设经费由武汉市、区两级财政统一划拨，形成统一规划、分级管理的运行模式：流动图书书库图书的采购、编目、管理等由武汉图书馆统一组织实施，定期向各区级流动图书书库配送和轮换，除每年专款采购新书外，武汉图书馆、武汉市少年儿童图书馆及各区图书馆的部分馆藏资源也作为流动图书书库的资源予以共享。截至 2011 年年底，市、区两级财政为流动图书书库建设共投入 400 余万元购书经费，市财政还为每区专门配置一辆流动图书服务车,流动图书车购买及运营经费投入达500余万元。“武汉市流动图书书库”建成了以流动图书服务车为载体,以市级图书馆为龙头,各区图书馆为分中心,社区图书馆(室)为基层服务站的武汉市流动图书服务网络,实现了流动书库的图书馆资源在全市范围内无障碍流通。“武汉市流动图书书库”构建起一个辐射市、区、乡三级的城市图书馆服务网络,将全市边远城区和农村纳入图书馆公共文化服务体系范围,其成功实践为武汉市公共图书馆总分馆建设奠定了坚实的基础,并在此基础上形成了以武汉图书馆为中心馆、两级总分馆系统联盟、多种类型分馆并存的武汉市公共图书馆总分馆运行模式。

2.2.2 整合资源的多样化建设模式

秉承灵活、务实的建设理念,将总分馆体系建设与武汉市共享工程建设、市民之家建设、武汉图书馆汽车图书馆服务网络建设成果有效整合,形成加盟型、直营型、合作型和委托型等多种形式并存的总分馆建设模式[2]。

(1)加盟型模式

以“武汉市共享工程建设”为基础,建设加盟型模式的总分馆体系。以实施“全国文化信息资源共享工程”为抓手,依托武汉市共享工程建设已建成2个市级支中心,13个区级支中心,2113个基层服务点的建设成就,立足共享工程海量数据资源及武汉图书馆中心馆提供的海量馆藏数据资源,实现总分馆的文化信息资源高度共建共享,使共享工程的文献资源得到最大限度的利用。

(2)直营型模式

以“市民之家”建设为基础,建设直营型模式的总分馆体系。2012年8月底运行的武汉“市民之家”是一座集市民办事、规划展示、教育培训、商务洽谈、文化休闲于一体的多功能服务平台。武汉图书馆积极争取市委、市政府的支持,在“市民之家”建立分馆,人、财、物及文献资源均由总馆统一规划、统一协调管理,面向市民提供便捷的自助办证、书目查询、网上续借、参考咨询、讲座直播、数字阅读及文化资源浏览等服务,并力争逐步在其他便民公共设施内及人口密集的社区进行推广。

(3)合作型模式

以“武汉图书馆汽车图书馆服务网络”建设为基础,建设合作型总分馆体系。武汉图书馆汽车图书馆创办于1984年,是全国首家汽车图书馆,经过29年坚持不懈的努力，已建成以武汉图书馆为中心，流动图书车为纽带，服务点为终端的服务网络，其服务范围覆盖全市13个区，为社区、学校、福利院、郊县农场、企业、军营、公安、监狱、劳教所等各类人群提供送书上门等文化服务。武汉图书馆依托流动服务点建设，选择地理位置、管理人员、馆舍面积符合条件的服务点设立分馆，根据双方协议，由分馆提供场地和管理人员，武汉图书馆则负责提供图书等文献资源，对工作人员定期培训，指导建立整套的服务、管理和业务统计制度，并将武汉图书馆的讲座、展览资源送进城市乡村。

(4)委托型模式

吸纳社会力量参与合作，建设委托型模式的总分馆体系。与武汉某房地产开发商合作，在该公司开发的地块上建立一座中型公共图书馆(5000—10 000平方米)，作为武汉图书馆的分馆，面向武汉市民开放，探索一种由企业出地投资建设(所有权归企业)、政府长期使用并进行运营管理(使用权归政府)的图书馆总分馆模式。将图书馆分馆引进小区，在拓展了图书馆的服务领域的同时，引领社区建设和生活方式的新时尚，提升区域文化品位，建立合作共赢的发展格局。

2.3 “一卡通”式文献资源服务

采取“分解难点、分项目实施、分阶段推进”的发展策略，依托“武汉地区公共图书馆文献通借通还”项目建设，逐步实现“一卡通”式的文献资源服务。

2009年，武汉图书馆在全市率先将业务应用系统更换为“Interlib图书馆集群网络管理系统”，主动面向全市公共图书馆范围推广，并建立起统一的业务管理系统，突破各级财政对公共图书馆馆藏的制约和限制，解决了图书文献资产所有权与使用权的分合问题，实现资产动态化管理，使业务协作、通借通还和资源共享能顺利实现，为开展“一卡通”式文献通借通还服务，最终实现各总分馆系统之间的无缝融合奠定了坚实的基础。目前武汉市公共图书馆总分馆体系建设在统一技术平台上已实现了数据的集中处理和业务的统一管理，全市公共图书馆在同一个系统平台中开展联合编目、流通等业务工作，读者可通过“全市公共图书馆联合目录”检索全市公共图书馆馆藏信息和借阅情况，文献通借通还服务已在武汉图书馆和硚口区图书馆、黄陂区图书馆、青山区图书馆、江汉区图书馆间顺利开展，并将逐步扩大服务范围[3]。

2.4　总分馆系统内资源共享

以搭建统一平台构建一体化服务为发展方向，建立“武汉市公共图书馆讲座、展览联盟”，充分发挥中心馆的示范和引领作用，实现总分馆系统内资源无障碍开放、全覆盖共享。

2010年，武汉市16家市、区公共图书馆共同建立了“武汉地区公共图书馆讲座、展览联盟”，以武汉图书馆讲座、展览资源为主体，整合市、区各馆相关资源，集全市公共图书馆之力搭建具有武汉地区特色的活动平台，丰富城乡文化，大力提升了城市公共文化服务水平。2011年“武汉市公共图书馆讲座、展览联盟”在各总、分馆开展讲座巡讲、在线直播200多场，开展公益展览巡展21场。

2.5　充分依托现代技术

不拘一格开展建设、大胆启用技术创新，将总分馆体系建设与“武汉市24小时自助图书馆建设”相融合，使便利店式的图书馆服务点与柜员机式的自助图书馆服务互为补充、相得益彰。

2012年以“实现市民在中心城区步行15分钟、新城区步行30分钟就能享受到便捷的借阅服务”为建设目标的“武汉市24小时自助图书馆”建设项目正式启动。武汉图书馆积极发挥中心馆主导作用，做好自助图书馆服务系统的整体规划和建设管理工作，制订建设、管理、物流方案统一部署、分步实施，层层落实管理和运营任务到各区总分馆系统，借助覆盖全市的总、分馆做好自助图书馆的管理，通过自助图书馆进一步延伸总、分馆的服务。目前，该项目已完成今年25个“24小时自助图书馆”选点工作，完成了服务机、系统管理平台及物流等公开招标工作，即将于今年10月前投入使用。

3　关于总分馆体系建设持续性发展的几点建议

3.1　政府主导，推进建设制度化、深度化、体系化

实践证明，政府主导自上而下的驱动模式较之由图书馆自加压力自下而上的驱动模式，更有利于借助政府行政权力产生有效约束力，为体系建设提供政策、制度、经费上的有力保障，避免因馆长更迭、协议终止等不可控因素使建设出现波折。武汉市公共图书馆总分馆体系应建立由主管部门等相关政府部门、武汉图书馆、武汉市少儿图书馆和各区馆馆长组成的

建设领导小组，在不能改变原有行政隶属、人事和财政关系的情况下，以政府文件形式通过行政权力推进具体方案实施，将建设原则、主体、内容、服务规范、管理机制制度化、规范化，有利于建立更深层次、更紧密的合作关系，确保武汉地区公共图书馆总分馆体系的继续壮大和可持续发展[4]。

3.2 建立与考核相结合的经费保障机制

有稳定和递增的经费支持是总分馆体系建设得以持续发展的重要保障，在政府出台的相关文件中将各项保障经费的内容、来源、落实等制度化、规范化。同时，应建立起与建设成绩和服务效果相结合的考评机制，建立公共图书馆总分馆建设和服务考核指标体系，每年组织一次考核评估活动，建立系统内的评比表彰机制，每年开展一次表彰先进活动，并给予适当的奖励。具体保障经费将视下属联盟分馆数量和质量而定，实施购书经费“以奖代补”，如可根据年度考评结果给予分馆适当的购书专项经费补助、分馆免费开放补助等。通过奖惩结合在系统内建立起有效的激励机制，在保障经费落实的同时，也能建立起一定的约束力，使建设和管理不至于流于形式，保证总分馆体系健康有序的发展。

公共图书馆的“馆藏”不同于其他“国有资产”，只有让其无障碍流动起来最大范围内实现共享，才能真正发挥它的价值，“以最小公共财政投入获取最大社会效益”。总分馆服务体系的实践经验也启示我们，任何一种模式都不是万能和普遍适用的，只有进一步解放思想，贯彻灵活、务实的建设理念，一方面寻求政府主导推动，一方面吸纳更多的社会力量参与建设，结合本地区实际情况充分盘活当地公共文化资源，才能在现有体制框架内，探索出一条适合本地区总分馆体系建设可持续发展的道路。

参考文献

1 全媒体[EB/OL].[2012-08-11].http://baike.baidu.com/view/6591.htm

2 林丽萍，陈峰.创新分馆建设模式构建公共图书馆服务网络[J].图书情报工作，2009(1)

3 冯玲.城市图书馆集群管理的路径选择与实现方式[J].图书馆建设，2007(3)

4 邱冠华，于良芝，许晓霞.覆盖全社会的公共图书馆服务体系：模式、技术支撑与方案[M].北京：北京图书馆出版社，2008

关于公共图书馆“总分馆体系”概念的思考

陆晓曦

Thoughts about the Concept of Main - Branch Library System in Public Libraries

Lu Xiaoxi

摘要：总分馆体系是目前国内外公共图书馆构建服务体系所采取的重要方式之一，具有紧密度高、便于协调管理、共享程度和效率高等优势。然而一直以来，对总分馆体系概念的界定却模糊不清，厘清概念、界定范畴，才能更好地推进其发展。建议根据我国总分馆体系建设的现状及存在的问题，将总分馆体系概念本土化地适当扩大外延，区分为广义和狭义两种，使总分馆体系建设得以继续推进，并有所突破。

关键词：公共图书馆，总分馆，总分馆体系，概念

Abstract: The main - branch library system is an important construction style of the public library service system. But still now, there is no specific normative concept of the main - branch library system. A clear definition is the guarantee of development in next stage. This paper raises a proposal that the concept can be divided into both generalized one and narrow sense one according to the current situation and problems.

Keywords: public library, main - branch library, main - branch library system, concept

1　引言

公共文化服务体系建设是我国“十二五”规划的题中要义，在党的十七届六中全会通过的《中共中央关于深化文化体制改革推动社会主义文化大发展大繁荣若干重大问题的决定》第五部分中明确指出，要“构建公共文化服务体系”；“要以公共财政为支撑，以公益性文化单位为骨干，以全体人民为服务对象，以保障人民群众看电视、听广播、读书看报、进行公共文化鉴赏、参加公共文化活动等基本文化权益为主要内容，完善覆盖城乡、结构合理、功能健全、实用高效的公共文化服务体系”。其中还专门强调要加强图书馆等公共文化服务设施建设并完善向社会免费开放服务。由此可见，公共图书馆是公共文化服务体系构建中不可或缺的一环，作为承载、保存、提供和传播信息知识的重要社会公益性机构，公共图书馆如何充分发挥其自身优势，构建起覆盖全社会的图书馆服务网络，为广大社会公众提供优质的文献信息资源服务，真正满足人民群众的精神文化需求，将是下阶段工作中所面临的重点和难点问题。

陆晓曦，北京大学信息管理系，2010级博士研究生。E - mail：lu. xiaoxi@yahoo. com. cn.

近年来，全国多个省市、地区都展开了新一轮的公共图书馆服务体系建设，与以往不同的是，这些实践探索是在构建公共文化服务体系的大背景下进行的，是在图书馆“普遍均等”服务理念的支撑下实施的，其目标是资源共享、惠及全民的。在此基础上，不少有条件的公共图书馆开始积极探索公共图书馆的总分馆模式相关理论，并身体力行地尝试性建立中国式的公共图书馆总分馆体系。总分馆体系作为目前出现的极具代表性的公共图书馆服务体系建设模式之一，力图在一定区域内的图书馆间建立起一个人财物统一管理、统一分配、统一流通的服务体系，以总馆为核心，借助分馆将服务覆盖全部区域。这种模式具有资源整合度强、成本低、效益高等特点，在上海、北京、广东、厦门、苏州、嘉兴、哈尔滨等许多地区已被广泛实践。但通过文献综述笔者发现，虽然目前各地的实践开展得如火如荼，但关于总分馆体系的概念及相关理论研究仍有所缺失。究竟总分馆体系是什么？其概念范畴该如何界定？什么样的体系才能称之为总分馆体系？针对这些问题，笔者进行了如下探究，希望可以抛砖引玉，对今后更加深入的理论研究和实践开展提供几许借鉴。

2　美国公共图书馆的总分馆体系

总分馆体系是一种统筹城市公共图书馆服务资源的行之有效的制度模式，被许多国家和地区的城市公共图书馆普遍采用。例如，伦敦市公共图书馆在 32 个行政区中均各设有一个总馆和十几个社区图书馆，这些图书馆组成的公共图书馆服务网络合作紧密，使服务品质得到极大的提升、覆盖面得以扩大。日本东京都实施的则是较为完善的以区（市）为地域单元的三级总分馆体系，即在每一个区（市）中，由一所图书馆承担总馆功能，其他图书馆为分馆，总馆和分馆服务半径难以覆盖的地方，通过“汽车流动图书馆”来补充。纽约的三大公共图书馆系统也都采用了总分馆体系的管理模式，即在一个总馆下设立若干个分馆，以网状的形态面向社会提供服务，使图书馆的服务范围覆盖区域内各个地方，实现服务效益最大化。

较之于诸多对于总分馆体系建设实践的描述性介绍，对“总分馆体系”这一复合名词进行总结性概括的权威、规范的定义却仍未出现。美国图书馆协会（ALA）的定义也只是将总馆和分馆分别进行了界定，认为总馆是一个独立建制的图书馆（single-unit library）或一个图书馆系统中充当管理中心的图书馆,它是图书馆系统集中加工文献的场所,也是收藏整个系统主要藏书的处所;分馆是总馆把一部分业务分离出去而形成的附属场馆,必须拥有一个基本馆藏、常规的人员配置和固定的开放时间。这一定义并没有明确阐释何谓"总分馆体系",仅从功能角度界定了总馆和分馆的属性。但从这一定义可以分析得出,美国所奉行的总分馆是一个统一管理、统一采购、统一加工的系统;分馆从属于总馆,是总馆的一部分,也可以把它看成是总馆的一个对外服务的部门。这种运行体系的核心要素就在于建设、投资和管理主体的统一。

2.1　三大体系构建公共图书馆服务——以纽约州为例

美国公共图书馆的普遍均等服务是通过一个复杂的结构来保障的,在这个结构中,作为公共图书馆服务体系触角的不仅有总分馆体系,还有形形色色的多种图书馆联盟或合作关系。实际上,总分馆体系这种构建方式在所有构建公共图书馆服务体系所采用的方式中所占比例并不大。所以,将美国公共图书馆服务体系简单地理解为清一色的"总分馆体系"是一个误区。

以纽约州为例。纽约州有23个公共图书馆系统,共支持超过1000个公共图书馆及其分馆。这些公共图书馆系统共享图书馆的资源,有力地保障了纽约州人都可以获取图书馆的信息和服务。具体来看,这23个公共图书馆系统又分为三种类型:

2.1.1　统一系统(Consolidated Public Library System)

被视为一个董事会下的统一独立的实体,共同拥有一个董事会,董事会及其受托人是经过地方议会授权任命的。在这一系统中,董事会或董事会所常设的图书馆相当于总馆,其他所有的图书馆都是分馆,并行提供服务。图书馆预算要经过纽约市政府及议会批准,经费主要由地方财政提供,州及联邦政府提供少量支持①。这一系统的设置需要在教育部门注册登记,要有详细的服务计划;同时必须符合公共图书馆的最低服务标准,并被授权允许接受财政支持。纽约州此类型的图书馆系统最具代表性的就是纽约市的三大公共图书馆系统:纽约公共图书馆、布鲁克林公共图书馆

① 根据美国图书馆相关法律规定,美国公共图书馆的建设主体可以是任意一级地方政府或其他法人,所以法律规定某一级政府成为地区性公共图书馆的法定建设主体后,该主体就要相应承担图书馆建设和运行所需的经费,并以地方政府财政支出的方式保障经费投入。

和皇后区公共图书馆，三个系统共有208家分馆，共同承担纽约市五个行政区的图书馆服务。这一系统类型即是国内通常提到和公认的美国公共图书馆的总分馆体系。

2.1.2 联盟系统（Federated Public Library System）

由大董事会、监督委员会或国家立法机构发起，各成员馆之间相对独立，拥有各自的董事会及规章制度。大董事会由上级政府批准建立，同时设置有统一的章程供所有成员馆参考和遵循。预算需经过郡县一级政府批准，部分系统经费由地方财政支持，其余部分由州财政补齐。这一系统中所有的成员馆都是“自治的”公共图书馆，相互之间是盟友关系，共享资源并共同提供服务。每个图书馆都有权选择是否加入该联盟系统，加入这一系统也是完全免费的。纽约州较具代表性的联盟系统有水牛城和伊利图书馆系统（Buffalo & Erie System）以及克林顿—艾克塞斯—富兰克林图书馆系统（Clinton-Essex-Franklin System）。

2.1.3 合作系统（Cooperative Public Library System）

该系统是由成员馆委员会以契约形式创建的协会性组织，允许各参与合作的图书馆维持其原有的自治状态不改变。其设立必须经过教育部门的批准，并获得接受财政经费支持的授权。预算则需要通过教育部门的审核，由州一级财政提供支持。委员会的委员由各成员馆选举产生，成员馆有权自行决定加入或推出该系统。在纽约州以此种形式存在和提供服务的公共图书馆体系数量最多，其中以五指湖区（Finger Lakeside）和中哈德逊区（Mid-Hudson）的合作系统较具代表性。

事实上，纽约州的公共图书馆服务体系就是按照这三种公共图书馆体系组织方式所构建而成的。从数量及所占比重来看，其中统一系统所占的比重最小，在全州23个公共图书馆系统中只有纽约市的三大系统是按照此种方式进行组织架构的。采用联盟形式的共有4个公共图书馆系统，数量最多的是采用合作方式的图书馆系统，在纽约州共有16个，占总数量的一半以上。

2.2 纽约市的公共图书馆总分馆体系

从上述三种类型的公共图书馆服务体系建设方式可以看出，统一系统的紧密度最高，这也是与总分馆体系的特点相契合的，其次是联盟系统，合作系统的紧密度最低。纽约市的公共图书馆服务体系作为统一系统的典型代表,是由纽约公共图书馆系统、皇后区公共图书馆系统和布鲁克林区公共图书馆系统构成的,这三大系统并驾齐驱,共同提供全覆盖的公共图书馆服务。其中纽约公共图书馆系统拥有4个研究型图书馆、85个分馆和3个流动图书馆,分散在布朗士区、曼哈顿区和斯塔滕岛区(里士满);皇后区公共图书馆系统包括1个总馆和68个分馆;布鲁克林区公共图书馆系统则由1个总馆、1个商务图书馆、1个数码资料库、1个儿童流动图书馆、1个成人流动图书馆及60个分馆组成。总馆与分馆之间实行统一管理,即文献资源、经费、工作人员等全部由总馆负责协调。系统内的各图书馆相互联网,实行一卡通管理,通借通还。分馆的人员、财务及设备均由总馆管理,藏书由总馆统一调配。并且其服务网络在地域的分布上都比较均匀,能够确保各地域民众就近使用图书馆。

由此可知,总分馆体系是明显区别于图书馆联盟或合作系统的。美国公共图书馆的总分馆系统,通常是为了满足一个城市或一定区域内民众阅读和获取信息需求的,在一个图书馆之下设置若干分馆,由总馆统一领导,协调共同提供服务。因此在同一所公共图书馆名下,无论有多少数量的分馆,都应被视作一个独立建制的单位。这与联盟系统或合作系统的设置目的虽大体相同,但在组织运行、管理和经费开支上又有很大程度的不同。另外需要特别指出的是,在这种总分馆体系中,总馆往往是虚设的一个机构名称而并非实体,实际上充当总馆的角色和任务的,是图书馆的董事会及其直属的图书采编、技术服务、人力资源等职能部门,在其统一领导和管理之下,所有分馆并行开展服务。

2.3 总分馆体系概念试界定

根据美国图书馆协会的定义及纽约市三大公共图书馆体系的实践,笔者尝试总结出了一个对于总分馆体系概念的基本界定,即总分馆体系是由同一个建设主体资助、同一个主管机构管理的图书馆群,其中一个图书馆或专职机构处于核心地位作为总馆,其他图书馆处于从属地位作为分馆;分馆在行政上隶属于总馆,或与总馆一起隶属于同一个主管部门,在业务上接受总馆管理。

据此建立的公共图书馆总分馆体系的基本特征为:图书馆的总馆建设主体与分馆建设主体统一,即经费来源统一;总馆主管部门与分馆主管部门统一,即管理统一;总分馆统一人财物管理、统一规划和实施服务、统一服务水准等。

3 对总分馆体系概念界定的思考

3.1 美国总分馆体系奏效原因分析

根据上述定义可知,在一个完善有效地总分馆体系内部,总馆必须被赋予对分馆的财产管理权,以便它集中采购和处理文献;它还必须被赋予对分馆的行政管理权,以便它充当整个系统的行政管理中心。这就要求总馆和分馆共享一个建设主体及管理单元,因为只有当总分馆的经费来自同一个建设主体时,总馆才可能被这一主体赋予对分馆的财产管理权;只有当总分馆隶属于同一个管理单元时,总馆才可能被其主管部门赋予对分馆的行政管理权;也只有在这样的前提下,才有可能将总分馆连结为管理统一、联系紧密的服务体系,使总分馆之间可以统一规划业务活动,统一制定规章制度,统一管理人财物,统一开展图书馆评估,使用统一的管理系统和读者证,实施通借通还。深入探究总分馆体系在美国得以产生发展和良好运行背后的原因,具体有以下四点:

3.1.1 建设主体和主管部门的设立

美国公共图书馆的建设主体可以依据实际情况具体设置,而不必拘泥于某一级政府或地域范围限制,这就为总分馆体系的合理布局和建设打下了基础,使之能够有效规避制度障碍,只需因地制宜,将读者权益放在第一位来考虑其服务网络的构建及发展。在一个总分馆体系中,由于建设主体明确且只有一个,所以主管部门相应也是单一的,便于统一领导及管理。

3.1.2 董事会制度与人事制度

美国公共图书馆是独立的法人机构,成立董事会,并经过政府批准及授权,以董事会制度开展管理和运行。所以图书馆既是政府主导建设、财政拨款支持的社会服务机构,又是具有一定主动性和灵活性的法人实体。正是这种特点使得图书馆拥有相对的人事独立权,董事会可以自主选择和聘用馆员,对其进行职业教育和培训。

3.1.3 完善的法律保障体系

首先,美国图书馆相关法律规定了公共图书馆的建设主体的设置原则,任何一级政府都可以成为建设主体,唯一的确定依据就是建成后的服务能力要在该级建设主体建设能力的承受范围之内。其次,通过法律确定的建设主体有效地保障了公共图书馆总分馆体系建设的经费来源，规定建设主体一级政府在多大范围内征税，就应该在多大范围内提供图书馆服务。再次，以法律法规的形式确认并保障了图书馆董事会制度，淡化政府背景，强调企业模式的自治自理，提升了公共图书馆服务能力和职业形象。最后，通过法律规定了一系列的资格认证和职业准入制度，为图书馆高质量、专业化地提供服务保驾护航。

3.1.4　服务体系层级较少

在实践中，美国公共图书馆总分馆体系的服务层级是比较少的，通常都是“总馆—分馆”两级体系，所有分馆都由总馆直接负责建设和管理，分馆之间是平等共进的；总馆会采用流动图书馆等形式补充和分担分馆的服务任务，有能力的分馆也会自主提供流动服务。这种“总馆—分馆”两级建设的扁平化服务体系，既减少了管理层级，便于沟通协作；又能使彼此间互为补充、相互促进，形成全覆盖的服务网络。

3.2　本土化的总分馆体系及其概念界定

对比美国的公共图书馆总分馆体系，我国多地目前正在进行中的总分馆体系建设实践实际上更接近图书馆联盟系统或合作系统的形式，真正的统一的总分馆体系寥寥无几。大多数公共图书馆与分馆的关系是契约或协议关系，分馆的经费、人员，乃至资源都无法由总馆控制和决定。这是由于在我国，建设主体的分工和主管部门的设立都在政府的权限范畴内，并没有法律上的有效保障和自主权。我国现行的公共图书馆体系主要沿用国家行政区划的基本的框架，是一个“省—市—县—乡镇”多级建设主体的金字塔形的公共图书馆网络。加之“分灶吃饭”、“条块分割”等财政和管理体制障碍一直无法打破，在一定程度上束缚了其他发展模式的可能性。因此，能否建成真正意义的总分馆体系，归根结底是个制度问题，而不是职业问题，体制障碍不打破，仅通过行业合作是不可能建立起真正意义的总分馆体系的。

然而，我们介绍和学习国外的总分馆体系，总的思路应该是发现其优势，并结合自身特点将其本土化，为己所用。这就要求我们要立足实际，调整、改进和完善总分馆体系实践，使之不断地适应我国国情及需要，构建起真正符合自己特点和需求的公共图书馆服务体系，即一个布局合理、结构优化、开放共享的服务体系。就目前的实践情况看来，体制障碍在短时期内还无法完全打破，或者说只可能在某些特殊区域被打破却无法推广，因此真正严格意义的总分馆体系于我们而言还只是未来的期许。但这并不代表我们的实践就要停滞不前，相反，我们应当尽量采取多种方式规避体制障碍，找到绕开障碍的行之有效的方式方法，继续推进总分馆体系建设。

与之相适应的是我国对于总分馆体系概念的界定。国外总分馆体系的定义拿到我国的现实环境和特定语境中，受制于上述体制障碍，概念的外延被缩小了，被赋予了特殊的限制条件，这也是舶来品本土化的必然过程和一种结果。由于这一原因，在我国采用这一概念进行现状描述会出现困难，在目前开展的大量实践中，很少有真正能够套用上概念的实践成果和模式，这样概念也就成了空设的理论，没有丝毫意义。因此笔者认为，姑且可以将严格意义的总分馆体系概念称作“狭义的”总分馆体系概念；另外根据我国具体的实践情况，还应有“广义的”总分馆体系概念。

狭义的总分馆体系即真正意义上的、与国际保持一致的总分馆体系概念，是由同一个建设主体资助、同一个主管机构管理的图书馆群。广义上的总分馆体系则是部分打破体制障碍或采取多种方式有效规避障碍而建成的总分馆体系。二者之间最本质的区别就在于建设主体和管理单元构建方式的不同，广义的总分馆体系通过不同层级建设主体和管理单元之间的协议委托、合作共建等方式创新了责任管理模式，最终实现总分馆体系的搭建。虽然具体实践中，总馆在介入分馆的资金、人员、业务等工作上的范围和深度有所差异，但都强调总馆对分馆资源的统一采购、统一管理，对人员的统一培训、统一考核等，进而在制度层面确保总分馆体系中资源配置和共享效率的最优化。

4 结语

概念作为一种理论性的解释，其准确度和适用性都需要在实证的进行和观察中加以反复验证，并不断调整。所以，在概念梳理后，就要在实践中去验证和总结。在今后我国各地的总分馆体系建设实践当中，究竟如何有效规避体制障碍？采取何种方式规范并整合建设主体和管理单元，限定其权力范围？最终在哪一层级上可以真正实现狭义的总分馆体系建设……这些恐怕都是下一步实践中将要面临和回答的问题。

参考文献

1 孙慧明,倪晓建.国外城市公共图书馆服务体系建设及其启示[J].图书馆建设,2011(3)

2 刘璇.美国公共图书馆“中心馆—分馆”体系溯源[J].国家图书馆学刊,2011(1)

3 王嘉陵.美国公共图书馆总分馆制考察[J].图书馆理论与实践,2011(4)

4 李明生.我国公共图书馆服务体系的紧密度研究[J].图书情报工作,2010(6)

5 程亚男.关于总分馆建设的几点思考[J].图书与情报,2010(3)

6 王明慧,蒋永福.我国公共图书馆治理单元设置模式的弊端及其改进建议[J].情报资料工作,2010(5)

7 Types of Library Systems—A Comparison[EB/OL].[2011-11-05].http://www.nysl.nysed.gov/libdev/libs/libtypes.htm

8 冯佳.国外公共图书馆理事会制度及启示——以美国波士顿公共图书馆理事会制度为例[J].图书馆建设,2010(6)

“嘉兴模式”乡镇分馆可持续发展机制分析

张凤鸣

Analysis on the System of Sustainable Development of Village and Town Branch Library of “Jiaxing Mode”

Zhang Fengming

摘要：嘉兴市图书馆自2007年推进乡镇分馆建设以来，取得了较大关注。自2010年底，嘉兴市乡镇分馆全部建成后，嘉兴市图书馆面临的主要问题就是乡镇分馆的良性、可持续发展。本文从经费、管理、人员、资源四方面就嘉兴市乡镇分馆可持续发展机制进行分析，并对主要问题提出建议。

关键词：总分馆，公共图书馆服务体系，乡镇分馆

Abstract: Jiaxing Library achieved great attention from the village and town branch library promoting in 2007. From the end of 2012, when the construction of the Jiaxing village and town branch library was finished, the library was facing the problem of the benign and sustainable development. This paper analyzes the system of sustainable de - velopment of “Jiaxing Mode” village and town branch library from four factors: capital, management, human, recourses.

Keywords: main - branch library system, public library service system, village and town branch library

近年来，国内公共图书馆总分馆建设的探索和实践得到了较快发展，创造了“苏州模式”、“禅城区模式”等多种运作机制。在这一背景下，嘉兴市自2007年起，以乡镇分馆建设为切入口，探索城乡一体化公共图书馆服务体系建设模式，打造普遍均等的公共图书馆服务网络，被称为“嘉兴模式”。

1　嘉兴市图书馆乡镇分馆建设情况

“嘉兴模式”的特点可归纳为“政府主导，多级投入，集中管理，资源共享”。通过强化政府推动，打破城乡二元经济结构，实行建设和运行经费的市、区、镇三级或县、镇二级政府共同投入；市（县）级图书馆作为当地图书馆服务体系的总馆，对本地区所有图书分馆实现人、财、物集中管理，保障了基层图书馆的服务水平；全市各级图书馆之间实现纸质和数字资源的高度共享，读者活动城乡联动，为农村居民提供了更丰富的文化资源。

2007年，嘉兴市首先在市本级进行了乡镇分馆试点工作，在试点成功的基础上，嘉兴市本级及五县（市）全面推广乡镇分馆建设（见表1）。

张凤鸣，嘉兴图书馆，馆员。E - mail：zhangfm83@gmail. com

表1 嘉兴地区乡镇分馆建设情况

时间	2007年	2008年	2009年	2010年
新建分馆数(个)	3	15	12	24

目前,嘉兴地区建成开放图书馆乡镇分馆54个,累计建筑面积2.9万平方米,平均每个乡镇分馆达到537平方米;藏书121万册,报纸杂志300余种,书架4175个,电脑967台,工作人员169人。至2011年底,54个乡镇分馆外借图书430万册次,到馆920万人次。同时,推动公共图书馆服务体系建设向基层扩展和延伸,在嘉兴市本级建设新型村(社区)图书分馆试点25个。

表2 嘉兴市本级乡镇分馆建设标准一览表

项目 \ 分馆	余新	王江泾	大桥	洪合	新塍	七星	王店	油车港	凤桥	新丰
馆舍面积(m^2)	500	450	800	700	600	600	600	600	1000	500
藏书(万册)	3.0	3.0	3.2	3.3	3.0	3.0	3.1	3.1	3.3	3.1
阅览坐席(个)	72	84	156	122	44	80	90	74	60	52
读者用电脑(台)	18	17	21	25	23	20	21	17	18	22
工作人员(人)	4	4	4	5	4	4	4	4	5	4
开放时间(时/周)	66	66	66	66	48	48	48	48	66	48

2 嘉兴市本级乡镇分馆可持续发展保障机制

2010年底,嘉兴市乡镇分馆已经实现全覆盖。“建好”之后的“管好”、“用好”成为了嘉兴市图书馆乡镇分馆所面临的最主要工作。嘉兴市总分馆制度在设计之初,就对其发展运营中所涉及的经费投入、资源保障等方面进行了较好设计,在实际运行中,又针对新发问题不断优化,目前,嘉兴市乡镇分馆的运营保障机制主要如下:

2.1 经费

表3 2011年嘉兴市图书馆乡镇分馆经费投入、使用情况统计表

年正常运行投入	市财政	10万
	区财政	10万
	镇财政	约10万(市、区补助资金以外的全包)
	合计	约30万

续表

每馆每年运行支出	图书文献资源	10万(资源建设由总馆负责统一采购、统一编目、统一配置,分馆共享)
	人员工资	平均10万(不包括总馆派出的分馆馆长)
	维保经费	平均2万
	水电费	平均2万(其中有个别乡镇达到5万左右)
	设备更新维护	1.5万左右
	活动支出	1万左右
	其他办公费用等	1.5万左右
	场地	大部分利用乡镇所有房屋开办分馆;个别乡镇年支付房租5万以上

如表3所示,嘉兴市乡镇分馆建设中年运行经费由三级财政共同投入,市图书馆设立了乡镇分馆的专项账户:

(1)分馆图书、期刊等资源由市总馆统一采购、分编、配送。每建一个分馆,市财政给市图书馆一次性增加30万元购书经费;正常运营后,每个分馆每年拨付资源购置费10万元,由总馆统一购置,通过物流送达分馆。

(2)区财政每年为每个分馆提供10万元补助经费,由市总馆专款专用,用于分馆日常设备的添置更新和日常业务活动的开支;年终经市、区联合考核后,通过以奖代补等方式拨付给分馆。

(3)乡镇财政负责分馆运营的水电费、房屋维修费,以及乡镇配备的管理员工资(3—5人),因有区补助经费的补充,乡镇财政每年实际承担经费在6万—10万元左右。

2.2　管理

嘉兴市建立了公共图书馆服务体系联席会议制度,统一协调解决市本级公共图书馆服务体系建设工作中的重大问题,保障公共图书馆服务体系建设的健康有序和可持续发展。联席会议由市政府领导召集,市委宣传部、发改委、财政局、文化局及区政府分管领导,区教文体局,市图书馆负责人为联席会议成员,乡镇分管领导列席。联席会议较好处理了乡镇分馆多个政府建设主体与市图书馆统一管理之间的协作管理问题。此外,市政府、党委、人大、政协也通过考核、督查等多种形式,推动着乡镇分馆的良性发展。

在具体业务上，各乡镇分馆由嘉兴市图书馆集中管理。市图书馆流通部是乡镇分馆日常业务的主管协调部门，信息部为全市图书馆计算机和网络建设提供技术支持、统一维护，采编部为总分馆统一采购、分编、配送新购图书，总馆办公室设专人负责乡镇分馆业务统计、辅导、考核及协调管理等工作。

(1)业务管理网络。全市图书馆运用统一的图书馆管理系统软件，实现市(县)、乡镇、村(社区)的一卡通行、通借通还。

(2)计算机网络。分馆通过点对点光纤连接总馆网络，保证了网络运行速度及数据的安全性、便捷性，各乡镇计算机网络由总馆统一维护。

(3)开放时间管理。乡镇分馆开放时间高度统一(周一馆休，开晚班的分馆开放时间为 9:00—20:00，不开晚班的分馆开放时间 9:00—17:00)。

(4)标识管理。全市总分馆使用一样的标识，馆内布置统一的宣传资料，由总馆统一制作、发放。

(5)规章制度。全市图书馆遵循统一的管理制度、服务制度，实行统一标准的业务管理。

(6)读者活动。由总馆发动的阅读推广活动、展览、讲座等，实行总分馆联动开展；鼓励乡镇分馆自主举办符合当地特色的各项读者活动。

(7)考核。年底，嘉兴市文化广电新闻出版局组织市、区及总馆组成联合考核小组，对分馆进行实地考评，并评定一、二、三级馆，公布考核结果并予以表彰。

2.3　人员

2.3.1　人员配置

由表 2 可知，各乡镇分馆工作人员 4—5 名，其中每个乡镇分馆配置分馆馆长 1 名，由总馆派出，为总馆聘用人员，由总馆统一管理，业务对总馆负责；其他工作人员 3—4 名，由乡镇政府招聘、聘用并承担各项人员待遇。一般来说，开晚班、馆舍层面 2 层的分馆所需人员，多于仅开设白班、单面层面分馆。

2.3.2　人员培训

乡镇分馆全部人员纳入总馆统一培训，由总馆全面负责其业务工作。乡镇分馆工作人员酝酿实行持证上岗，必须经过系列培训，通过考核，才可正式上岗；总馆针对分馆工作人员业务需求，经常开展包括计算机操作、活动策划与推广、服务工作、业务研究等多内容及现场交流、参观访问、专家讲座等多形式的培训工作。

2.3.3 人员考核

总馆组织对分馆工作人员进行统一的考核。每年根据每个分馆的社会效益和一、二、三级馆评定结果,综合考评分馆工作人员,评选2名优秀分馆馆长,在镇聘分馆工作人员中每馆评选1位先进馆员等,通过考核给予激励。

2.3.4 人员管理机制

分馆分布在全市各个乡镇,总馆为了加强管理,在各馆装置了指纹考勤机;在各分馆主要场地安装了远程监控系统,既有效管理人员,又能较好管理分馆业务;建立了以总馆分管馆长牵头,各分馆馆长参与的例会制度;乡镇招聘的分馆工作人员待遇与乡镇经济水平和用人制度相统一,因此,会出现各馆工作人员待遇差别明显、用人编制不同等多种情况,在此过程中,总馆不断加强与乡镇政府的沟通、协调,完善分馆人员招聘、管理等事宜。

2.4 资源

总分馆体系内一卡通行、通借通还,统一检索、免费预约。纸质资源由嘉兴市图书馆统一采购、统一分编,嘉兴市图书馆采编部为全市总分馆的图书资源中心,通过邮政物流每月2次以上将新书送到各乡镇分馆。表4为2009年至2011年,由总馆采编部配送到乡镇分馆的新书量。

表4 嘉兴市本级乡镇分馆年增新书数量(单位:册)

时间＼分馆	余新	王江泾	大桥	洪合	新塍	七星	王店	油车港	凤桥	新丰
2009年	5672	5760	6274	6525	5837	5576	5024	4567	5440	—
2010年	5857	6420	6303	6521	6261	6186	6219	6002	4977	5603
2011年	5907	7751	7964	7501	7744	5914	7568	7361	4698	6850

此外,因为图书产权全部归总馆所有,总分馆体系内图书可以实现无障碍流通。随着新书的配送,分馆也将本馆内流通率不高的书通过物流送回总馆,由总馆重新分配;总馆也每月将馆藏图书在各乡镇分馆之间流通;

每个乡镇分馆也负责为本馆范围内的流通站、村级分馆配置资源（总馆采编部也直接将部分新书配送到村级分馆）；任何一册图书可以在全市范围内各图书馆借还、上架，不用担心所有权问题。

数字资源全市共享。2011年前，总分馆通过VPN技术，共享文化信息共享工程数字资源；2010年12月，嘉兴数字图书馆建成，新购、新建了一批数据库资源，使数字图书馆数据库资源达到49个，全市各图书馆共享嘉兴数字图书馆资源，读者还可在馆外浏览、下载数字资源；2011年，在公共电子阅览室试点工作中，嘉兴市图书馆网络出口升级到千兆，分馆与总馆之间实现光纤连接，进一步保证了数字资源的快速、安全共享；2012年初，以嘉兴数字图书馆为基础，整合图书馆传统借还书、续借、预约等功能的嘉兴数字图书馆手机版开通，任何型号手机均可登录使用。

在服务体系内，各类读者活动，各项展览、讲座都实现了城乡联动、城乡共享。总分馆长期联合举办读书节、服务宣传周等多项重要活动；总馆每月制定共享工程电影播放单，分馆结合本地特色，定期为广大读者免费播放电影、讲座等视频；市委宣传部主办、市图书馆承办的“南湖讲坛”在各分馆实现了即时转播；此外，以总馆制作的多种小型展览为主，此类展览在总分馆之间流转，并可进入乡镇当地企业、学校进行展览。

3 嘉兴市本级图书馆乡镇分馆社会效益

3.1 2011年嘉兴市图书馆乡镇分馆社会效益统计

表5 2011年嘉兴市图书馆乡镇分馆社会效益统计表

分馆	到馆读者（人）	外借（册）	阅览（册）	参考咨询服务	新办证（张）	共享工程播放（次）
余新	123 530	41 074	378 300	1957	583	143
王江泾	129 370	45 232	358 110	3963	560	—
大桥	129 752	52 785	362 724	2587	915	137
洪合	115 847	47 858	332 541	2021	589	125
新塍	128 070	45 453	370 116	2563	485	164
七星	67 353	21 672	202 059	1495	360	—
王店	89 590	32 379	253 710	2680	393	130
油车港	82 333	18 920	246 790	897	259	146

续表

分馆	到馆读者（人）	外借（册）	阅览（册）	参考咨询服务	新办证（张）	共享工程播放（次）
凤桥	135 208	31 688	369 624	2352	537	121
新丰	127 061	32 335	210 696	3780	450	87
总计	1 128 119	3 221 538	3 084 670	24 305	5131	909

总的来说，2011 年嘉兴市本级各乡镇分馆社会效益仍相对较好。2011 年各乡镇分馆累计开馆 313 天，日均到馆人次超过 350 人/日，日均外借图书 100 多册/日。

3.2　2011 年嘉兴市图书馆乡镇分馆服务指标测评

表 6　2011 年乡镇分馆服务指标测评

地区	常住人口（万人）	人均年增公共图书馆购书费（元/人）	人均拥有公共图书馆藏书（册/人）	人均年增新书（册/人）	持证读者占总人数比例（%）	年人均外借量（册）	年人均到馆（次）
王江泾	11. 11	0. 9	0. 3	0. 07	1. 8	0. 4	1. 2
油车港	4. 95	2	0. 6	0. 15	1. 6	0. 4	1. 7
新塍	7. 88	1. 3	0. 4	0. 10	2. 2	0. 6	1. 6
王店	9. 33	1. 1	0. 3	0. 08	1. 3	0. 3	1. 0
洪合	6. 95	1. 4	0. 5	0. 11	2. 8	0. 7	1. 7
凤桥	4. 81	2. 1	0. 7	0. 10	2. 9	0. 7	2. 8
余新	5. 24	1. 9	0. 6	0. 11	3. 4	0. 8	2. 4
新丰	4. 95	2	0. 6	0. 14	2. 2	0. 7	2. 6
七星	2. 48	4	1. 2	0. 24	4. 3	0. 9	2. 7
大桥	5. 72	1. 7	0. 6	0. 14	3. 9	1. 0	2. 3
全国平均指标（2009 年）[1]	—	—	0. 45	0. 022	1. 31	0. 2	0. 25

续表

地区	常住人口（万人）	人均年增公共图书馆购书费（元/人）	人均拥有公共图书馆藏书（册/人）	人均年增新书（册/人）	持证读者占总人数比例（%）	年人均外借量（册）	年人均到馆（次）
示范项目东部地区市县馆指标	—	—	1	0.04	—	—	0.5

注：1. 常住人口包括：居住在本乡镇街道、户口在本乡镇街道或户口待定的人；居住在本乡镇街道、离开户口所在的乡镇街道半年以上的人；户口在本乡镇街道、外出不满半年或在境外工作学习的人。为第六次人口普查数据。

2. 每馆年新增购书经费按10万元计算。

乡镇分馆各项指标略高于国内平均指标，但是与示范项目等所提倡的东部地方指标尤其在人均藏书上差距较大，这是因为各乡镇分馆在建设之初，并非按人口数量来配置馆藏量，而是通过行政命令发文《嘉兴市构建城乡一体化公共图书馆服务体系的实施意见》提出建设标准，要求每馆藏书不少于3万册，后期发展受场地限制，藏书量并不会大量增加。

4 嘉兴市图书馆乡镇分馆现阶段存在的主要问题

通过对各乡镇分馆调查和分析发现，乡镇分馆发展面临的主要问题有如下几方面：

4.1 公共文化服务设施利用率低

嘉兴市随着总分馆制的推广，公共图书馆整体社会效益已经取得了较大了提升，但是，嘉兴市公共图书馆服务体系持证读者占总人口的9%，而英国为58%（2007年），日本为35%（2008年）；人均到馆次数嘉兴为1.6次，美国为7.3次（2007年），英国为5.4次（2007年）。总体上来看，提高民众对公共图书馆设施的利用率，仍然任重道远。

4.2 工作人员水平参差不齐

乡镇分馆必须配备专职管理员，才能保证各项服务的有序开展。实际工作中，分馆除馆长之外的员工，由乡镇政府聘用，乡镇在其他工作需要的情况下，对分馆工作人员的调动具有随意性；部分乡镇领导觉得图书馆工作轻松，对工作人员要求不高、招聘不规范，使分馆工作人员水平差异较大。

4.3 各乡镇经费支出相差较大

乡镇政府主要负责当地人员工作、分馆馆舍等。但是,因为各乡镇经济发展情况不一,文化设施建设情况不一,乡镇承担的费用支出也不一。如洪合镇因整体经济发展较好,羊毛衫业繁荣,镇聘人员工资支出2011年近16万元;而有的分馆2011年人员经费支出不足7万元。在馆舍上,要求分馆馆舍选址人员集聚地、大开间等,部分乡镇分馆的馆舍是由镇政府租来的,最高的一个乡镇房租2011年为16万元,少的也要每年五六万的租金,相比其他自有馆舍的乡镇,这些乡镇在分馆建设上的经费压力较大,增加了乡镇政府的负担,也在不同程度上会降低他们的积极性。

4.4 特殊问题

嘉兴市图书馆乡镇分馆由市、区、镇三级共建,三级政府共同承担乡镇分馆的管理和运行责任。但是,在新市镇建设和区划调整中,也会出现部分分馆成为"三不管"分馆。乡镇分馆行政归属问题不清,缺少当地政府的有力支持,将会带来分馆设备挪用、人员缺少严格管理等问题,分馆服务功能不断弱化。

5 嘉兴市图书馆乡镇分馆可持续发展的思考

5.1 要高度重视乡镇分馆发展中存在的问题,不遗余力加以解决

上级部门必须对乡镇分馆发展长期关注,并且大力支持。要在认真调研的基础上,集中讨论和分析现阶段分馆发展存在的问题,找出具体原因,有针对性地提出解决方案。对严重影响分馆发展的经费落实、管理和服务人员配备等问题,要加以重点解决,防止分馆成为"空架子"。

5.2 总馆和市、区、镇政府须目标统一,职责明确,建设好乡镇分馆协同发展机制

三级建设的乡镇分馆,协同、协调机制必须畅通无阻。三者应在目标协同、管理协同、需求协同上达成一致,将横向的10个乡镇分馆、纵向的总分馆体系看做一个整体,在具体的经费、人员、管理等方面做到协同发展;并在明确自身职责的基础上,发挥各级政府和图书馆的积极性,保证服务体系的良性运转。

5.3 推行人员上岗准入制

管理和服务人员队伍建设是乡镇分馆可持续发展的核心支撑力量之一。乡镇政府与总馆建立良好的协商关系,从各自职能出发,共同做好人员队伍建设。必须推动乡镇分馆管理人员准入制,实行持证上岗,并在职称上升等方面为分馆工作人员提供机会。

5.4 加强宣传工作

有效解决信息不对称问题,是增强乡镇分馆吸引力、引导更多人走入乡镇分馆的重要途径。无论对总馆还是乡镇分馆,都必须加大宣传力度,尤其是位置偏远、交通不便的分馆,更要开展全面的宣传,以便于公众获取相关信息,提高资源利用率。要充分利用电视、广播、报纸、网站等传媒手段,尤其是通过投放公益性广告以及举办富有吸引力、受众面广的读者活动,加大对乡镇分馆所提供的免费服务的宣传,吸引公众眼球,引导更多的人走进乡镇分馆,获取多样化的服务。

嘉兴市乡镇分馆自全面建成以来,已经走过了三个年头,随着新市政调整与村(社区)分馆的密集建立,乡镇分馆读者群也发生了一定程度的分流,在具体的管理上也面临着许多新出现的问题;2012年年底,RFID在乡镇分馆的实行,也将为嘉兴市乡镇分馆带来的新的面貌和挑战。乡镇分馆在摸索中前进,在前进中完善,居民的文化需求永远是乡镇分馆可持续发展的动力。

参考文献

1 中国图书馆学会,国家图书馆. 中国图书馆年鉴 2010[M]. 北京:国家图书馆出版社,2010

2 嘉兴市人民政府办公室. 嘉兴市构建城乡一体化公共图书馆服务体系的实施意见. 嘉政办发〔2008〕21号

3 嘉兴市文化广电新闻出版局. 嘉兴市图书馆乡镇分馆管理暂行办法. 嘉文〔2008〕38号

4 章明丽. 构建普遍均等城乡一体的公共图书馆服务体系[M]//林吕建. 浙江蓝皮书——2010年浙江发展报告(文化卷). 杭州:杭州出版社,2010

苏州图书馆与中学结合办馆模式介绍

——以胥江实验中学分馆为例

陆秀萍

The Introduction to the Cooperation Between Suzhou Library and Middle School

——A Case Study of the Branch Library of Suzhou Xujiang Experimental Middle School

Lu Xiuping

摘要：胥江实验中学分馆是苏州图书馆与胥江实验中学以总分馆模式合作建设的图书馆，属于我国业内馆校结合办馆的典型案例。本文对该馆的建设模式、发展状况、取得的效益、存在的问题进行了介绍和分析，以期对业界的结合办馆有所启迪和参考。

关键词：结合图书馆，苏州图书馆，胥江实验中学

Abstract: The branch library of Xujiang Experimental Middle School is estab - lished and operated by Suzhou Library and Xujiang Experimental Middle School.This paper introduces its pattern of establish, operational state, effect and the problem of this library.

Keywords: joint use library ，Suzhou Library, Xujiang Experimental Middle School

1　前言

一直以来，公共图书馆与学校图书馆都有一定程度的合作，例如资源的共建共享、不定期的业务指导以及阅读活动的合作协助等。随着两者合作程度的加深，渐渐地出现了一种新型图书馆模式，这种模式被业界称为“结合图书馆（Dual - Use Libraries 或者 Joint Use Library）”。美国的 Stephanie Maatta 将“结合图书馆”定义为两个或者两个以上类型的图书馆利用其共享的图书馆设施为用户提供信息服务的图书馆。例如学校图书馆与公共图书馆的结合，高校图书馆与公共图书馆的结合，研究图书馆与公共图书馆的结合等。2006 年，美国的《图书馆趋向》杂志在其第四期围绕“结合图书馆”做了专题讨论。在这一专题中，结合图书馆的操作方式、发展方向以及最为关键的人事问题都得到了相关讨论。

陆秀萍，苏州图书馆，馆员。E - mail:286944462@qq. com

公共图书馆与学校图书馆合作产生的结合图书馆在世界各地都有所探索。1998年,在北欧的瑞典,很多公共图书馆开始与学校图书馆合作共建馆舍。美国彼得斯堡的一个社区公共图书馆与当地的杜鹃花中学图书馆合作建设了杜鹃花结合图书馆,该馆工作人员的工资由彼得斯堡公共图书馆系统核发,中学管理委员会对工作人员进行监督和评估。在南非,不少学校图书馆与公共图书馆结合,为乡村、部落的学习、教育与社区服务,政府也非常支持此种办馆模式。

在我国,近几年随着公共图书馆服务体系的构建,尤其是总分馆建设和探索,也涌现了公共图书馆与学校图书馆深入合作的结合办馆模式。比较典型的有佛山市禅城区图书馆与张槎中心小学合作建设的禅城区联合图书馆张槎中心小学分馆、苏州图书馆与胥江实验中学合作建设的苏州图书馆胥江实验中学分馆。本文以苏州图书馆胥江实验中学分馆为例,分析介绍这一模式的内涵和目前的发展状况,以期对这一模式的结合图书馆有一比较深入的了解。

2 苏州图书馆胥江实验中学分馆的建设模式及发展情况

2.1 背景介绍

2005年,苏州图书馆开始与基层政府及机构以协议方式合作建设分馆。截至2008年9月,先后建设了12个分馆,运行效益良好,受到民众的欢迎以及上级领导和业界的认可。

胥江实验中学是苏州市教育局新建的公办初中,该校在建设之初,规划建设一座图书馆为学校教学服务。为实现中学图书馆办馆的经济高效和专业规范,在了解到苏州图书馆的分馆建设模式及运行效益后,胥江实验中学找到苏州图书馆,提出合作建设该校图书馆的意愿。

经过双方协商决定,胥江实验中学将该校图书馆委托给苏州图书馆进行管理,该馆的定位既是学校图书馆,为学校的师生提供服务;又是公共图书馆,向社会青少年提供服务。

2.2 胥江实验中学分馆的建设模式及功能定位

2.2.1 建设模式

与苏州图书馆的其他分馆建设模式一样,苏州图书馆与胥江实验中学以协议的方式确定合作关系,协议对双方的责任和该馆的服务对象、服务时间进行了明确的规定。

按照协议，胥江实验中学负责馆舍、装修、水电设施、消防设施、阅览设施、门禁系统、空调系统、计算机网络系统、电脑电话等硬件设施设备。苏州图书馆负责馆员的招聘管理、图书的采编配送、报纸杂志的征订管理、图书馆管理软件等。胥江实验中学分馆执行苏州图书馆的服务规范，学校对该馆的运行进行监督和指导，该馆的图书与苏州图书馆总馆及其他分馆实行通借通还。

2.2.2　功能定位

胥江实验中学分馆既是学校图书馆，又是公共图书馆。其服务对象既包括学校师生，又包括社区青少年。这样的双重身份意味着该馆在功能定位时需要同时考虑学校和社会青少年的需求。其至少有以下几个功能：①满足学校老师的教学科研需求。②辅助学校的正规教育，提高学生的阅读读写能力以及探究能力。③丰富青少年的课余文化生活。④培养青少年的信息素养。这其中除第一项功能之外，其余三项功能都是同时面向本校学生和社区青少年。

2.3　胥江实验中学分馆的基本情况及运行状况

胥江实验中学分馆拥有馆舍面积1700多平方米，设有学生阅览区、教参阅览区、学生自习室以及电子阅览区。学生阅览区拥有阅览坐席近460个，教参阅览坐席60个，电子阅览区向师生和社会的青少年提供免费上网及免费利用苏州图书馆的数字资源的服务。该馆平时每周开放63小时，寒暑假每周开放56小时。

在馆藏资源方面，胥江实验中学分馆在开馆之初配有新书5万册，之后每年苏州图书馆会向该馆配送新书不低于5000册，其中2010年新增图书6700余册，2011年新增图书5500余册。目前馆藏图书7.1万余册，其中针对青少年的读物近5万册，针对教师的读物1.5万余册，书库藏书6000余册。每年征订报刊200种左右。此外作为苏州图书馆的分馆，该馆共享总馆的各种数字资源，其中包括维普、CNKI等数据库资源，这在一定程度上为教师的科研提供了坚实的资源后盾。

胥江实验中学分馆设有专职馆员6名，其中馆长1名，主管1名，普通馆员4名。目前馆员队伍平均年龄25岁，学历水平大专3名，本科2名，硕士1名。为了不断提高馆员的业务素养和专业技能，每年馆员都会参加苏州图书馆举办的相关业务培训和苏州市中小学图书馆馆员的相关培训，例如苏州图书馆组织的“馆员学习周”、“苏州市公共图书馆馆员持证上岗培训”、“服务礼仪与职业道德培训”及由苏州市教育装备与勤工俭学管理办公室举办的“苏州市教育局直属中小学图书馆人员”的培训等。

2008 年开馆至今，该馆的读者接待量由刚开始的猛增到如今的相对稳定，借书人次每年都有所增长，借阅册次这两年相对稳定。具体如表 1 所示：

表 1　胥江实验中学分馆历年到馆人次与借阅量对比表

读者接待		2008—2009 学年	2009—2010 学年	2010—2011 学年
实际接待人次		83 622	150 648	114 351
	校内学生	58 536	98 594	61 412
	对外开放	25 086	52 054	52 939
借书人次		9185	12 988	12 817
	校内学生	6430	8568	7137
	对外开放	2755	4420	5680
借阅册次		15 966	26 991	26 645
	校内学生	11 177	17 385	14 152
	对外开放	4789	9606	12 493

2.4　胥江实验中学分馆开展的服务和取得的成效

2.4.1　细化基础服务，保障基本需求

胥江实验中学分馆向全校师生及社会青少年免费提供图书借阅、读者证办理、电子阅览、图书预约、通借通还等各项基本服务。2012 年年初，苏州图书馆与苏州市教育局合作成功开通校园 E 卡通的外借图书功能，这意味着校内外更广泛的学生凭借 E 卡通就可借阅图书。为进一步细化服务，该馆通过每月统计各个班级的借阅量掌握借阅情况，并及时将最新信息上传学校网站，例如新到图书、月度借阅排行榜及数据统计报表。为了辅助教师教学科研，该馆结合学校教师的课题研究项目，建立课题联系网络小组。教师在教学科研中的任何资料需求都可直接和相应的馆员联系。此外该馆将每期与教师教学科研相关的期刊的目录制作成电子文档第一时间发布网站供教师浏览筛选。

2.4.2　结合学校特点，创新特色服务

胥江实验中学分馆在开馆后不久，将自身的阅读推广使命与学校的教学安排结合，开设了“阅读辅导课”，旨在提高学生的阅读读写能力，开阔学生的知识视野，充分发挥该馆作为学生第二课堂的作用。该课程针对初一、初二年级设立，图书馆根据学生需求设定课程内容、制作 PPT 并现场讲授。从 2008 年开始至今，阅读辅导课已经进入每学期的课程表，成了该校学生的常规课程。课程内容涉及阅读训练、写作培训、风俗文化天文地理等课外知识的扩展以及结合语文教学开展的延伸阅读。

2009 年下半年，该馆再次拓展服务内容，加深服务深度。推出了内部双月刊物《教研信息》和《缤纷阅读》。《教研信息》针对教师推送有关教学科研的相关信息，《缤纷阅读》为学生和家长提供有关学习和家庭教育的信息。每期 80 份，发放给教师和学生，截至目前已编印 17 期。

2.4.3　开展多彩活动，丰富课外生活

读者活动是图书馆服务的一个重要板块，2010 年胥江实验中学分馆开展读者活动 27 次，2011 年开展读者活动 21 次。2012 年结合学校“主题月”教学计划开展了相关科普教育、英语角等活动，2011 年和 2012 年暑假配合总馆开展“诺诺森林暑期阅读总动员”活动，该活动吸引了校内外 210 多名学生的积极参与。在新的学期到来之际，该馆积极参与学校社团创建工作，成功申报社团“X 动漫社”。

3　苏州图书馆与胥江实验中学以总分馆形式结合办馆的体会

3.1　有助于资源的充分共享，以一份成本实现两个机构的职能目标

在我国，无论是公共图书馆还是中学图书馆，都存在图书馆建设资源不足以及如何利用有限的资金更好地满足用户需求的问题。社区公共馆与学校图书馆两者的结合，使其共用馆舍、馆员及资源，在很大程度上节约了办馆成本，提高了办馆效益。学校图书馆借助了公共图书馆的专业管理和资源，公共图书馆则通过学校图书馆实现了服务触角的延伸，两者实现了双赢。

3.2　有助于提高中学图书馆的专业水平和开放程度

由于中学图书馆规模的限制，我国多数中学图书馆馆员是由教师或者其他的非专业人员担任和轮岗兼任，部分中学图书馆甚至没有馆员。相对

而言，近几年我国公共图书馆事业发展迅速，拥有一支稳定的、专业的馆员队伍，在图书馆的业务管理方面拥有丰富的经验。两者的结合提高了中学图书馆的专业水平，在保障其正常开放的前提下，深层次地为师生提供服务。同时，也突破了中学图书馆的封闭传统，通过通借通还融入苏州图书馆总分馆体系，实现了文献资源的社会化大流通；通过向周边青少年的开放，实现了学校资源的社会化利用。

3.3 有助于公共图书馆服务触角的延伸和拓展

胥江实验中学位于城乡结合处，周边居民有部分是外来务工人员，该馆的模式不仅让社区的青少年享受到了公共图书馆的服务，更为外来务工人员子女的寒暑期提供了一个良好的学习环境。从上表1可以看出，该馆对外开放的读者接待量几乎占到总接待量百分之四十多，在一定程度上延伸了苏州图书馆的服务触角。同时，借助结合办馆，也让公共图书馆的服务得以深入到学校教学之中，有助于探索更好地辅助正规教育的路径，使公共图书馆的服务更加贴近师生的需求，取得更多实效。

4 结语

胥江实验中学分馆从开馆至今，已运行四年。在这个实践过程中，我们切身体会到了结合图书馆取得的良好效益。然而任何一种模式都有其不足和问题，苏州图书馆和胥江实验中学以总分馆模式结合办馆同样存在着需要完善的方面：①在双重身份下，胥中分馆承担着双重使命和任务，该馆的发展和运行更需要有一个明确的目标和规划，使合作双方在宏观层面上有更多的共识，执行部门有更加明确的方向，以确保双方职能与使命的更充分实现。②此种模式的图书馆对馆员的要求更高，馆员不仅需要掌握扎实的专业技能和具有公共图书馆服务的经验，也需要了解熟悉学校图书馆的使命和学校教育的规律与需求，还需要有较好的沟通协调能力。因此，我们的馆员尚需要不断提升自身素养和服务能力，如需进一步提高阅读辅导课的授课质量，加强与学校的沟通交流，取得学校更多的理解和支持。③需要进一步加强对社区的宣传，组织开展更多的社区活动，让更多的社区居民了解胥中分馆的双重属性，在更好地为学校教学目标服务的同时，更好地为社区中的青少年服务。

苏州图书馆胥中分馆的结合办馆模式，为学校图书馆建设和公共图书馆发展都提供了一种新的思路，它的实践探索也为有意开展此类合作的学校和公共图书馆积累了一定的经验，可提供借鉴和参考。

参考文献

1 Stephanie Maatta. Jobs&Pay Take A Hit[J]. *Library Journal*,2009(17)

2 张丽. 美国早期的学区图书馆研究[J]. 国家图书馆学刊,2011(2)

3 陶俊岩，李丽. 实现少儿图书馆与中小学图书馆结合优化配置城市教育资源[J]. 图书馆理论与实践,2008(4)

4 董保瑞. 公共图书馆与中小学图书馆联合办馆的心模式[J]. 科技情报开发与经济，2011(2)

5 赵力飒. 用图书馆联合的方法扩展图书馆的功能[J]. 图书馆建设,2001(2)

6 刘鑫. 胥江实验中学图书馆建设的探索与实践[J]. 图书与情报,2009(3)

7 冯洁音，王世伟. 纽约皇后区公共图书馆[J]. 图书馆杂志,2003(5)

8 桑良至. 图书馆合作新模式:结合图书馆[J]. 图书馆,2007(5)

嘉兴城乡一体化公共图书馆服务体系(嘉兴模式)社会效果调研分析报告*

程玉芳

Analysis Report on the Social Effects of Jiaxing Town - Country Integration Public Library Service System (Jiaxing Mode)

Cheng Yufang

摘要:通过调查,用大量的数据事实分析了嘉兴城乡一体化公共图书馆服务体系建设情况、资源利用情况及取得的社会效果。

关键词:城乡一体化公共图书馆服务体系,社会效果,调查分析报告,嘉兴

Abstract: This paper analyzes the construction, resources usage and social effects of Jiaxing town - country integration public library service system through survey and numerous data.

Keywords: town - country integration public library service system, social effects, analysis survey report, Jiaxing

1　调查背景

2007年以来,为更好地解决农民"借书难、看书难"问题,嘉兴市公共图书馆以"普遍均等、惠及全民"为目的积极构建城乡一体化公共图书馆服务体系,建设以市(县)图书馆为中心,以乡镇分馆为纽带,以村(社区)图书室和图书流动车为基础,以企业、学校、部队等行业系统图书馆联合加盟为补充,覆盖全市、城乡一体、功能完善、资源共享、管理规范的新型图书馆服务体系,并已初具规模。农民的读书问题得到有效的解决。社会反响较好。其做法引起了业界关注,被称为"嘉兴模式"。

2　调查目的、对象、内容、方法

2.1　调查目的

通过调查了解嘉兴模式的建设情况、资源利用情况、取得社会成效,以资借鉴。

2.2　调查对象

嘉兴市本级及下辖五县市之总馆和各乡镇分馆。

---

*　本报告为嘉兴市图书馆《嘉兴城乡一体化公共图书馆服务体系建设》课题成果之一。

程玉芳,嘉兴市图书馆,馆员。E-mail:yfcheng1968@163.com

2.3　调查内容

图书馆总分馆模式下的资源建设（馆藏、设备、人员）情况；资源利用〔馆藏、人均到访率、目标人群覆盖率、读者满意度（独立分析成文）〕情况；总分馆模式下的社会效果

数据统计原计划从2003年嘉兴市馆搬迁新馆始至2010年止，并以2007年嘉兴市馆分馆始建年为界分前后两部分，形成对比。但在实际调查中发现许多数据没有历史存档，操作起来相当困难，故实际统计数据从2008年始（部分数据统计始自2006、2007年），截至2011年年底。

2.4　调查方法

数据统计法。

3　调研分析

3.1　总分馆模式下城乡一体化体系资源建设

3.1.1　总馆资源建设情况如表1所示。

数据分析：（1）表1汇集显示了嘉兴地区自然和社会概况，包括区域面积，常住人口，行政区划等；以及目前6个总馆资源建设情况，包括图书馆基础设备建设，馆藏资源建设，财政经费投入，人力资源建设，分馆建设数量等。嘉兴地区目前总辖域4004平方公里，其中城区面积257平方公里，辖域常住人口450.16万，其中城镇人口240.07万，乡村人口210.10万，全市（县）共有镇（街道）74个，村/社区1174个，图书馆总建筑面积47 729m^2，馆藏总量约为455万册（取整数），图书、杂志、电子资源、数据库等各类资源齐全，拥有阅览坐席2733位，计算机总共有582台，其中工作用机192台，读者用机390台，工作人员308位。2008年至2011年新增藏书量，财政拨款和购书经费从合计数来看总体上逐年稳步增长。

（2）公共图书馆作为纯公益性事业单位，经费主要由政府拨款，从上表可以看出，自2008年以来，每年财政拨款都有较大幅度增长，个别年份有微调，其中嘉兴市本级图书馆逐年稳步增长，海宁市图书馆2009年、2010年有大增长，2011年略有下降，平湖市图书馆2009年增幅较大，此后略有下调。嘉善和海盐增幅不大。由于每个市/县的辖域面积、人口以及经济发展程度的不同，故其政府财政拨款各有差别。

表1　总馆资源建设情况

基本分类	统计项目	嘉兴市馆	海盐馆	海宁馆	平湖馆	桐乡馆	嘉善馆	合计
自然与社会状况	区域总面积（km^2）	968	535	731	537	727	506	4004
	户籍人口（万）[I]	120	43.09	80.70	67.18	81.58	57.42	450.16
	城区所在地总面积（km^2）	88.08	13.37	30	15.8	33	23.11	203.36
	乡镇/街道数量[II]	10+1[III]/12	5/4	8/4	6/2	9/3+1[IV]	6/3	45/30
	合计	23	9	12	8[V]	13[VI]	9	74
	城市（镇）社区/村数量[VII]	124/193	46/85	63/161	45/95	35/177	46/104	359/815
	合计	317	131	224	140[VIII]	212	150	1174
业务环境	总建筑面积（m^2）	22 500	2500	3229	8000	7200	4300	47 729
	工作人员（不含下派馆长）	98	36	53	48	48	25	308
	阅览坐席数量	874	355	218	600	378	308	2733
	开放时间（小时/周）	87.5	63	87.5	78	84	62	
	工作用机（台）	65	14	36	29	35	13	192
	读者用机（台）	162	21	28	121	35	23	390

续表

基本分类	统计项目		嘉兴市馆	海盐馆	海宁馆	平湖馆	桐乡馆	嘉善馆	合计
馆藏信息资源	馆藏资源总量（万册）[IX]		173	41.75	83.1	55.24	71.44	30.28	454.81
	藏书（纸质）（万册）		155.22	35.55	75.79	55.24	70.95	29.97	422.72
	电子资源（光盘、VCD、DVD 等）（册/盘）[X]		12 775	520	5437	光盘少量	4840	3082	—
	数据库		共建共享嘉兴数字图书馆 50 个左右数据库，包括 CNKI、国研网、超星、方正、龙源期刊等。						
	近几年新增馆藏（万册）	2008 年	18.76	1.89	6.80	2.08	12.26	1.85	43.64
		2009 年	16.34	2.44	11.49	7.24	10.28	3.57	51.36
		2010 年	20.34	6.56	14.76	8.17	12.14	2.73	64.7
		2011 年	17.26	5.95	9.01	4.46	14.42	2.53	53.63
分馆与流通点	分馆数量		10	7	11	8	11	7	54
	流通点数量		88	38	50	40	31	17	264
经费状况	财政拨款/购书经费（万元）	2008 年	1234.99/570	203/40	434.39/135	390/105	456.18/120	167.77/15	2886.38/985
		2009 年	1539.11/377.4	209/45	577.5/225	627/235	314.15/260	220.5/15	3487.86/1157.4
		2010 年	1601.51/477.4	314/18	705.4/300	600/200	581.6/165	229/18	4031.51/1178.4
		2011 年	—/537.4	311.3/100	607.6/205	509/140	468.7/205	289/30	—/1217.4

注：Ⅰ　2010年第六次人口普查数据。

Ⅱ　源自：嘉兴年鉴地方志编委会.嘉兴年鉴（2011）[M].方志出版社，2011

嘉兴市民政局网站.[2012－05－09].http://jxsmz.gov.cn/New/index.aspx

说明：嘉兴市本级统计包括南湖区、秀洲区、经济开发区以及嘉兴港范围。

Ⅲ　+1数据特指嘉兴港区。

Ⅳ　+1数据特指振东新区。

Ⅴ　《嘉兴年鉴（2011）》记录平湖有镇6个、街道3个，嘉兴市民政网记录镇6个、街道2个。

Ⅵ　《嘉兴年鉴（2011）》记录桐乡镇9个、街道3个，嘉兴民政局网记录镇9个、街道4个。

Ⅶ　同Ⅱ。

Ⅷ　《嘉兴年鉴（2011）》记录平湖有社区56个、行政村105个，嘉兴民政局网记录社区45个、行政村95个。

Ⅸ　此数据为2011年数据。

Ⅹ　此数据为2010年数据。

从表1可以看出，各总馆在总分馆体系下对购书经费的投入每年变化较大，2008年至2011年间，其中嘉兴市本级总馆投入在总分馆体系中的购书经费分别占财政拨款之46.1%，24.5%，29.8%，2011年暂无数据；海宁分别为31.1%，38.96%，42.53%，29.06%；平湖分别为26.92%，37.48%，33.33%，27.50%；桐乡分别为26.30%，82.76%，28.37%，43.73%，以上三馆购书经费所占财政总投入比每年皆在三分之一左右，有的年份更是达到40%以上。嘉善和海盐两县投入相对较少，嘉善县图书馆每年投入购书经费仅占总财政投入的10%左右，分别为8.94%，6.8%，7.86%，10.4%；海盐县张元济图书馆每年投入的购书经费比嘉善略高，分别为19.7%，21.5%，5.7%，32.1%，2011年有了大幅度提高。由于开办乡镇分馆对总馆来说最重要的就是图书资源的建设，故乡镇分馆开办较多的年份，各馆的购书经费明显有较大幅度的提高。如嘉兴图书馆的2008年，海宁图书馆的2010年购书经费分别是46.1%和42.5%。需要指出的是统计来的数据也有个别有疑问，比如桐乡2009年的购书经费占整个财政的82.7%，似乎偏高。海盐张元济图书馆2010年建设6个乡镇分馆，但购书经费仅占整个财政投入的5.7%，明显偏低。分馆建成年份参照本文表2的开馆时间。

3.1.2　分馆资源建设情况

如表2所示。

表 2 嘉兴乡镇分馆资源建设概况(2011 年)

分馆名称		开馆时间	开放时间	辖区面积	辖区人口	馆舍面积	藏书量	报刊/杂志	电脑台数		阅览座席	工作人员
				(Km²)	(万人)	(m²)	(万册)	(种)	工作用机	读者用机	(个)	(人)
嘉兴	南湖区	2003	8:30—20:30	426	61.27	6000	13.2	350	8	36	250	8
	秀洲区	2005-11-28	8:30—20:30	550.4	58.92	1500	5	300	5	27	100	9
市本级	余新镇	2007-05-28	9:00—20:00	83.8	5.24	500	2.9	215	6	12	72	4
	王江泾	2007-06-26	9:00—20:00	127.3	11.11	500	2.9	300	5	12	84	4
	大桥镇	2007-12-28	9:00—20:00	76.4	5.72	800	3.2	332	5	16	156	5
	洪合镇	2008-01-16	9:00—20:00	57.2	6.95	700	3.3	314	7	18	122	5
	新塍镇	2008-04-28	9:00—17:00	133.1	7.88	600	2.8	275	6	17	44	5
	七星镇	2008-12-26	9:00—17:00	30.3	2.48	600	3	282	2	18	80	4
	王店镇	2008-12-29	9:00—17:00	115.9	9.33	600	3.1	166	6	15	90	5
	油车港	2008-12-02	9:00—17:00	56.5	4.95	600	3.1	279	5	12	74	3
	凤桥镇	2009-12-02	9:00—17:00	80.4	4.81	800	3.3	299	5	18	60	3
	新(丰)镇	2009-12-29	9:00—17:00	69.3	4.95	500	3.1	274	4	17	52	4

续表

分馆名称		开馆时间	开放时间	辖区面积	辖区人口	馆舍面积	藏书量	报刊/杂志	电脑台数		阅览座席	工作人员
				（Km^2）	（万人）	（m^2）	（万册）	（种）	工作用机	读者用机	（个）	（人）
嘉善县	大云镇	2009－12－04	8:00—20:30	28.7	2.34	501	2.2	193	3	12	95	3
	姚庄镇	2008－12－20	8:00—20:30	75	5.26	500	2.8	326	3	11	91	4
	干窑镇	2009－12－03	8:30—16:30	38	3.61	563	1.5	198	3	30	110	2
	天凝镇	2009－12－30	9:00—20:00	75.43	5.84	500	1.4	140	3	15	100	3
	西塘镇	2010－11－18	9:00—20:00	82.92	6.52	680	3.09	122	3	14	104	3
	陶庄镇	2010－12－21	9:30—20:00	45.94	6.52	650	2.13	223	3	13	150	3
	罗星街道	2008－12－19	—	39.5	7.55	450	1.6	235	3	12	92	3
平湖市	新埭镇	2008－11－12	5月—10月 9:00—20:00；11月—次年4月 9:00—18:00	77.3	7.02	500	2.2	127	3	15	120	3
	全塘镇	2009－07－08		31.4	10.56	600	2.1	127	3	15	130	3
	黄姑镇	2009－09－25		62	10.56	500	2.1	127	3	15	80	3
	新仓镇	2009－12－16		57.6	4.93	800	2	127	3	15	200	3
	林埭镇	2010－06－08		48.5	3.78	500	2.2	90	3	15	117	3
	广陈镇	2010－10－22		55.84	3.95	500	2	117	3	12	80	3
	钟埭街道	2010－11－24		63.59	4.4	500	2	117	3	6	80	3
	曹桥街道	2010－11－25		40.83	3.6	500	2	127	3	15	56	4

续表

分馆名称		开馆时间	开放时间	辖区面积	辖区人口	馆舍面积	藏书量	报刊/杂志	电脑台数		阅览座席	工作人员
				（Km^2）	（万人）	（m^2）	（万册）	（种）	工作用机	读者用机	（个）	（人）
海宁市	盐官	2008-12-18	9:00—20:00	56.2	5.61	504	2.55	112	3	17	68	4
	斜桥镇	2008-12-28	9:00—20:00	64.5	6.55	520	2.57	220	4	16	80	4
	马桥街道	2010-01-18	9:00—20:00	39.2	3.72	640	2	224	3	17	128	4
	硖石街道	2010-08-20	9:00—20:00	34.3	8.76	576	2.11	170	3	17	112	4
	海昌街道	2010-11-30	9:00—20:00	23.2	7.25	588	2.17	170	3	17	119	4
	周王庙镇	2009-11-18	9:00—20:00	53.72	4.92	510	2.03	220	2	18	112	3
	许村镇	2010-11-12	9:00—20:00	54.45	11.82	560	1.59	170	3	17	116	4
	丁桥镇	2010-12-22	9:00—20:00	61.24	4.6	577	2.21	170	3	17	100	4
	袁花镇	2010-12-28	9:00—20:00	74.7	5.76	650	1.71	170	3	17	104	4
	长安镇	2010-12-17	9:00—20:00	91.9	11.04	512	2.62	170	3	17	102	4
	尖山新区（黄湾镇）	2010-12-28	9:00—20:00	42	2.7	910	2.2	170	3	17	154	3

续表

分馆名称		开馆时间	开放时间	辖区面积	辖区人口	馆舍面积	藏书量	报刊/杂志	电脑台数		阅览座席	工作人员
				(Km^2)	(万人)	(m^2)	(万册)	(种)	工作用机	读者用机	(个)	(人)
海盐县	沈荡镇	2010－03－30	9:00—17:00	61.87	3.5	500	1.07	88	3	12	80	2
	于城镇	2010－05－28	9:00—17:00	42.88	2.51	500	1.09	86	3	12	80	2
	百步镇	2010－11－18	9:00—17:00	64.71	3.54	500	1	100	2	18	80	2
	澉浦镇	2010－12－18	9:00—17:00	24.23	3.18	300	1	100	3	12	56	3
	通元镇	2010－12－28	9:00—17:00	68	4.35	500	1	100	2	20	78	2
	元通街道	2009－10－28	9:00—17:00	97.11	1.83	350	1.01	125	3	13	64	1
	秦山街道	2010－03－18	9:00—17:00	56.9	3.67	600	1.04	220	3	20	100	3
桐乡市	崇福镇	2008－06－02	8:30—16:30	100.14	10.2	800	3.7	180	3	18	120	3
	洲泉镇	2008－10－14	8:00—17:00	73.36	3.5	500	2.5	150	3	17	80	2
	濮院镇	2008－12－15	9:00—16:00	35.6	4.6	500	2.5	150	3	10	80	2
	龙翔街道	2008－12－26	12:00—20:30	40.15	2.7	500	2.5	150	3	12	80	2
	凤鸣街道	2008－12－29	8:00—16:30	36.6	3.05	500	2.6	150	4	15	48	3
	石门镇	2009－01－18	8:30—16:30	63.25	5.34	750	2.8	180	3	20	100	2
	乌镇镇	2009－12－03	8:30—16:30	46	7.43	500	2.5	150	3	16	80	2
	高桥镇	2010－02－14	8:30—17:00	35	3.7	335	1.8	150	3	10	45	2
	大麻镇	2010－05－05	8:30—17:00	32.64	3.49	500	2.3	150	3	12	120	2
	河山镇	2010－05－31	8:30—17:00	39	2.86	420	2.4	150	3	15	120	2
	屠甸镇	2010－07－27	8:30—16:30	44.52	3.2	500	2.3	150	3	12	90	2

数据分析:(1)表 2 汇集显示了嘉兴地区各乡镇分馆的基本建设情况,包括建馆时间,开放时间,各馆辐射地域面积,辖区人口,以及馆舍等基础设施建设,馆藏资源建设,人力资源建设等。从表 2 可以得出,除去两个区分馆(他们的人口数,辖域面积等已包括在嘉兴市本级总馆里),54 个乡镇分馆目前总辖域 3210. 12km^2,辖域常住人口 295. 24 万,馆舍建筑面积合计 30 046m^2,馆藏总量约为 120. 89 万册,图书、杂志、电子资源、数据库等各类资源都齐全,拥有阅览坐席 5135 位,计算机总共有 1003 台,其中工作用机 182 台,读者用机 821 台,工作人员 169 位。分馆面积最大 910m^2,最小 300m^2,平均每个分馆的建筑面积为 556m^2,藏书量最多分馆 3. 7 万册,最小 1 万册,平均每馆 2. 24 万册,辖域内人口平均每人拥有建筑面积(人均读者面积)约 0. 0102m^2,平均每人拥有图书(人均图书册数)约 0. 41 册,平均每人拥有坐席(人均坐席数)约 0. 00174 位,人均拥有人员数量约 0. 000057 位。(此数据计算方法中人口是 295. 24 万。)

(2)根据嘉兴市人民政府及各市县人民政府关于构建城乡一体化公共图书馆服务体系的实施意见①等相关文件规定,乡镇分馆一般建设标准为:馆舍面积不少于 500m^2,藏书不少于 3 万册,报刊不少于 300 种(有的县市规定不少于 200 种),计算机不少于 15 台其中工作电脑 5 台,阅览座位不少于 80 位,在职职工不少于 4 人(含总馆下派人员),但从表 2 可以看出,实际上许多乡镇分馆的配置距离规定的“标准”还有相当大的差距,其中纸质藏书和报刊,以及工作人员的配置差距最大,除了嘉兴市本级纸质图书基本达到有的还超过了 3 万册的规定,其余各县市都在 1 万—2 万册左右,其中海盐张元济图书馆的乡镇藏书量都在 1 万册左右,人员配置海盐和桐乡都为两人。部分乡镇分馆的报纸杂志只在 100 种左右。电脑和阅览座位配置基本达标。

3. 2　总分馆模式下城乡一体化体系内的资源利用

嘉兴城乡一体化公共图书馆服务体系建设利用总分馆模式的优越性,

① 嘉政办发【2008】21号文件《嘉兴市构建城乡一体化公共图书馆服务体系的实施意见》,桐政办发【2008】80号文件《桐乡市构建城乡一体化公共图书馆服务体系的实施意见》,海政办发【2008】145号文件《海宁市构建城乡一体化公共图书馆服务体系的实施意见》,善政办发【2008】128号文件《嘉善县构建城乡一体化公共图书馆服务体系的实施意见》,盐政办发【2008】143号文件《海盐县构建城乡一体化公共图书馆服务体系的实施意见》,平政办发【2009】22号文件《平湖市构建城乡一体化公共图书馆服务体系的实施意见》。

打破地市县之间，城乡之间的壁垒，“建设规划城乡一体化，管理运营城乡一体化，资源流通城乡一体化，服务享有城乡一体化”，通过共享的方式充分使用体系内的建设资源，优化资源配置，使资源建设达到投资成本最小化，社会效益最大化。

（1）在体系内实行文献资源统一采购和配置，建立联合编目中心的方式，避免机构的重复设置和人员重复劳动，充分利用了体系内的人力资源。

（2）在体系内实行书刊借阅一卡通，在全市各个总馆、分馆与流通站之间通借通还。读者一卡在手，可以在包括五县两区的任一个总馆和分馆借书还书，这样六个县市总计454.81万册图书资源在体系内共享，450万地区人口无论城乡居民人人可以使用。提高了图书馆群体为城乡配套服务的效能和服务覆盖率。

（3）在体系内各个子系统的总分馆之间通过循环流通，对乡镇分馆图书定期更新的方式，使乡镇读者充分利用到了总馆的丰富图书资源，也就是说，每个乡镇分馆的藏书量虽然只有1万—3.7万册之间，数量不多，但通过定期更新的方式实际使用的图书是其所在市县的总馆图书藏量（30.28万—173万册），比如嘉兴市总馆的藏书量173万，各乡镇分馆的藏书量在2.9万—3.3万之间，但当地读者实际使用到的图书量是173万册，而不仅仅是乡镇分馆的几万册藏书。通过这种总分馆模式下城乡一体化的体系内循环流通的方式，既使得这些图书得到了充分的利用，提高了图书的流通使用率，同时也使得各乡镇居民在家门口就充分享受到了总馆丰富的图书资源，图书的使用率和社会效益都得到了最大化。

（4）在体系内共建共享各类数字资源，激活现有文化资源存量，实现了图书馆资源的优化与共享。除了全国文化共享工程、浙江省文化共享工程外，嘉兴市于2010年底开通的数字图书馆，其中近50个数据库的海量数字资源也在城乡一体化的服务体系内全市共享。甚至读者一卡在手，只要家中有电脑，开通网络，不出家门，就可以登录数字图书馆网站，使用数字图书资源。

（5）在体系内实行公共图书信息资源服务免费注册、免费上网、免费查询、免费借阅的方式进一步刺激城乡居民对图书馆资源的使用。嘉兴图书馆从2008年初就开始实行免费开放制度，目前在全国免费开放的大背景下，又进一步扩大并细化了免费服务的内容、范围，在体系内实施。在城乡一体化的体系内，城乡群众享受相同的免费服务。

表 3　嘉兴图书馆免费服务项目表

免费服务	具体项目	服务方式	特殊服务
基本服务项目	书刊资源检索、阅览、外借	总分馆内图书、报刊检索、阅览、外借；一卡通行、通借通还	图书预约：网上、电话等预约和续借 资源共享：全市五县二区公共图书馆、分馆内图书调拨借阅 馆际互借：上海馆、省馆等兄弟市图书馆间图书互借 集体外借：公共图书馆服务进学校、企业、部队等
	数字资源的浏览、检索、下载	总分馆公共电子阅览；文化共享工程数字服务；嘉兴数字图书馆走进千家万户；嘉兴手机图书馆阅读；掌上阅读器体验；嘉兴市图书馆新技术体验	免费预约新技术体验：让读者掌握随时随地使用嘉兴数字图书馆、手机图书馆等资源的方法和技术
	提供无线上网	馆内无线上网	无
	参考咨询服务	到馆现场咨询、在线咨询、电话咨询	定题服务、网上导航
	阅读推广活动	总分馆“未成年人读书节”；“全民读书月”；“世界读书日”等阅读推广活动	免费预约培训： 1. 嘉兴市图书馆服务体系宣传介绍（功能、服务、使用等介绍） 2. 嘉兴数字图书馆宣传推广（分主题培训） 3. 阅读推广讲座

续表

免费服务	具体项目	服务方式	特殊服务
基本服务项目	公益性讲座和展览 共享工程视频播放	“南湖讲坛”及在线直播；其它各种公益讲座、展览； 总分馆内共享工程影视、讲座播放	共享工程免费进企业、部队、学校等 公益展览总分馆内流动巡展、预约展出
	视障人员服务	盲文图书借阅、盲文电子阅览	免费提供上门服务
	嘉兴政府信息公开查询	自主查询、依申请代查	无
	流动服务	汽车流动图书馆（筹建）	免费预约：汽车流动图书馆服务
	面向基层的业务指导	现场图书馆业务指导	免费预约辅导
设施场地	阅览室、自习室等	免证免费自修	免费预约用于公益性活动
	报告厅、展厅	报告、讲座、展览等	免费预约举办公益性报告、展览
	读者交流研讨室	提供幻灯、电脑，用于小组讨论	免费预约使用
	公共空间设施场地	公益性文体活动	免费预约用于公益性活动
配套管理服务	免费办证、验证及存包等	免成本费、免注册费 市民卡外借图书免押金	无

通过以上几种方式,嘉兴解决了当地农村居民借书难,看书难的问题,使城乡居民拥有共同的公共图书馆资源使用的权利,嘉兴图书馆同时进一步提升了图书馆各类设施资源的使用率,也提升了公共图书馆的社会形象,提高了图书馆在社会上的影响力。

3 社会效益分析

3.1 建设运行成本的节约

从成本效益来看,在相同的建设规模、相同的资源、相同的服务水平和管理下,以总分馆模式下城乡一体化的乡镇分馆建馆、运行成本与镇政府建立的单独模式的乡镇图书馆建馆、运行成本进行比较:嘉兴市总分馆制模式下一个乡镇分馆(规模约600m^2)的建设成本约为52.3万元,运行成本约为24.6万元;单独设置模式下一个乡镇分馆的建设成本约为135万元,运行成本约为51万元。两相比较,总分馆模式下一个乡镇分馆节约的建设成本约82.7万元,运行成本约26.4万元。那么依此数据就整个嘉兴地区54个乡镇分馆(不包括两个区分馆,因为两个区分馆建筑面积,藏书规模,工作人员,及其属性都与乡镇分馆有极大的不同性)所节约的建设成本约4465.8万元,每年节约的运行成本约1425.6万元,这就是一个庞大的数字了。

总分馆体系下的分馆与独立运行的图书馆的成本差异主要由两方面造成:一是分馆因有总馆在专业、技术、行政后勤等方面的支撑而节省的人员成本;二是因分馆在资源上通过总分馆体系内(包括总馆和其他分馆)的统一采编、充分流动、按需调配等共享方式而节省的资源建设成本。

嘉兴市总分馆建设模式使有限的公共财政资金得到了最大化利用,使得图书馆的产出效益大大提高。总分馆多级政府的有效公共财政投入,使有限的资金得到了最大的利用,解决了公共图书馆建设、运行资金问题,是公共财政合理配置的有效方式。

3.2 服务辐射区域面积和人口的扩大

城乡一体化的总分馆体制建立以前,一个市(县)一般只有一个公共图书馆,这个图书馆的实际服务辐射区域就是这个城市的城区所辖面积和人口,而总分馆体制建立之后,随着各乡镇分馆的建成投入使用,嘉兴地区公共图书馆服务也就辐射到了各乡镇分馆所辖区域。服务范围大大扩充了。

根据2010年第六次人口普查结果,目前嘉兴地区总人口450万左右,其中城镇人口240万,乡村人口210万。总分馆服务体系建立之前,嘉兴地区六个公共图书馆服务人口应该大大小于240万的城镇人口,因为这240万人口中还包括了各乡镇人口,这是当时公共图书馆服务还不能辐射到的,由于统计数据没有具体的城区人口数据,故只能如此概约分析。现在随着乡镇分馆的全覆盖,图书馆服务则已经完全辐射到这240万人口。随着村级图书馆的进一步建立,210万的乡村人口也将进一步得到图书馆的福音。目前,在嘉兴以统一采访、统一编目、统一配置为特点的图书馆村(社区)分馆已建成27个,均实现一卡通行、通借通还,使图书馆乡镇分馆的服务进一步得到延伸和拓展。彼时"覆盖全民,普遍均等"的城乡一体化公共图书馆服务体系将真正完成。

3.3　读者持证量、借书量、读者流通量的剧增

随着嘉兴地区各乡镇分馆的普遍建成使用,读者持证量,借书量,到馆人次(读者流通量)都比以前大大的增加。详细情况分别见表4和表5。

数据分析:(1)总体情况。2011年度嘉兴地区62个总分馆全年借书人次达到390.73万,其中乡镇分馆148.62万,占总借书人次的38%;全年到馆人次达到712.11万,其中乡镇分馆356.94万,占总到馆人次的50.1%,乡镇分馆到馆人次已经略超过总馆。全年新办证8.2万张,其中分馆约2.4万张,占新办证总数的29%,全年播放共享工程3574场,开展社会活动364次。而于2010年底开通的嘉兴数字图书馆也收到了很好的社会效益,2011年全年"嘉兴数字图书馆"读者有效访问次数为397 159人次,各频道总访问次数超过500万次,文献传递次数超18万次。

(2)分馆情况。①乡镇分馆对比社会效益:从表5中2006年数据与2007年数据对比最能看出总分馆体系下乡镇分馆的社会效益。2006年的3个乡镇图书馆其体制独立隶属于乡镇,2007年3个乡镇图书馆属于总分馆模式下嘉兴市图书馆的分馆。2006年办证张数453张,借书册次0.6185万,到馆人次0.6965万,2007年办证张数2000张,借书册次6万,到馆人次12万,2007年办证张数、借书册次、到馆人次分别是2006的4.4倍、9.7倍、17.2倍。从这两年的办证、借书、到馆人次的数据来看,由于体制的改变,社会效益的提升是巨大的。②乡镇分馆累积社会效益:自2007年第一个乡镇分馆建成以来,截至2011年年底,54个乡镇分馆累积办证约7.8万

张,外借图书约413万册(取整),到馆人次约903万人次(取整)。

从表4和5中可以看出目前嘉兴地区有效持证读者合计23.13万,(其中乡镇7.8万)。但是嘉兴地区目前常住人口有450万左右,有效持证读者仅占嘉兴总人口的5%,累计持证读者仅占嘉兴总人口的9%,也就是无论乡村还是城镇,嘉兴图书馆的读者发展空间都还有很大余地。另外从2009年至2011年乡镇分馆的办证数据来看,乡镇分馆数量增加了,但是办证数量增加的并不多。

表4 2008—2011 中心馆和总馆社会效益一览表

年份		2008	2009	2010	2011
有效持证读者(万张)		11.16	12.77	13.15	15.37
外借册次(万次)		252.21	205.88	157.24	242.11
到馆人次(万次)		254.67	233.32	295.5	355.17
办理新证(万张)		—	—	—	5.75
数字图书馆	有效访问人次(万次)	—	—	—	39.72
	各频道总访问人次(万次)	—	—	—	500
	文献传递(万次)	—	—	—	18

注:该表中数字图书馆为总分馆共享,统计的数据为总分馆之和。

表5 嘉兴地区54个乡镇分馆近几年社会效益一览表

年份	2006	2007	2008	2009	2010	2011	合计 2007—2011
当年分馆数	3	3	18	30	54	54	—
办证张数	453	2000	7256	20 216	24 008	24 136	77 616
外借册次(万)	0.6185	6.00	23.47	107.03	128.15	148.62	413.27
到馆人次(万)	0.6965	12.00	69.66	189.10	274.97	356.94	902.67

注:1.本表中数据未包括南湖、秀洲两个区分馆数据,其身份隶属与其他乡镇分馆有别,且统计来的乡镇数据也常不包括他们。

2.2006年数据来自《结题第一部分》(未发表)表10嘉兴五县二区乡镇分馆社会效益评估表,此3个乡镇馆当时独立属于乡镇所有,而2007年的3个乡镇馆则是嘉兴市图书馆的分馆,故前后体制已经不同。

3. 2007 年数据来自章明丽馆长文章《构建普遍均等城乡一体的公共图书馆服务体系——嘉兴市乡镇分馆建设实践》。

4. 2010 年实有乡镇分馆 54 个,但有的是在 2010 年 12 月月底投入使用,没有社会效益,故统计来的数据是 50 个分馆数据。

3. 3　同比国内公共图书馆综合水平,嘉兴市处于前列

在城乡一体化的总分馆体系带动下,嘉兴市公共图书馆建设整体迈上了新台阶。全市人均公共图书馆藏书、各级公共图书馆馆藏总量、各图书馆图书外借流通总量等多项指标都进入全国先进之列。

就可比数据而言,嘉兴城乡一体化公共图书馆一馆覆盖人口 7. 3 万,国内同级别其他公共图书馆一馆覆盖人口 46. 83 万,嘉兴人均购书经费 2. 7 元,同比其他地区为 0. 78 元,嘉兴人均拥有藏书量 1. 04 册,同比其他地区为 0. 44 册,嘉兴年人均图书借阅量 0. 87 册,而国内同级别的图书馆为 0. 19 册,嘉兴年人均到馆人次 1. 58,同级别的图书馆为 0. 24,从这些数据比较可以看出,嘉兴城乡一体化公共图书馆服务体系建设是走在全国前列的。

嘉兴地区图书馆服务体系与国内相关指数对比情况,见表 6。

表 6　嘉兴城乡一体化公共图书馆服务体系服务能力在国内的地位

项目名称	嘉兴(各项指标)			国内(平均指标)
城乡一体化公共图书馆服务体系网络设施建设	市、县图书馆（总馆）		6 个:全设置 (一级馆 5 个、二级馆 1 个)	全国至少有 12 个地(市)级政府、368 个县(市)级政府尚未在本行政区域内设置同级公共图书馆
	区、乡镇分馆		56 个:基本全设置 (平均面积 $500m^2$ 以上,功能齐全;公共电子阅览室达标)	较少
	村(社区)图书馆	分馆	27 个(2011 年) (平均面积 $100m^2$ 左右,功能齐全;公共电子阅览室达标)	较少
		流通站	近 300 个	—
		阅览室	基本全覆盖	—
	嘉兴数字图书馆		开通(49 个数据库)	同级馆中较少
馆舍总面积(平方米)	7.8 万(其中:分馆 3 万)			—
一馆覆盖人口	7.3 万			46.83 万
购书经费	1217.4 万元(2011 年) 人均公共图书馆购书费 2.7 元			人均公共图书馆购书费 0.782 元

续表

项目名称	嘉兴(各项指标)	国内(平均指标)
资源总藏量(万册/件)	467(其中乡镇分馆独立拥有12.17万册)	—
人均拥有公共图书馆藏书	1.04册	0.44
持证读者占总人数比例	5%或累计9% (有效231274张/总分馆累计401124张)	1.31%
人均拥有计算机(台)	1211台/450万人=0.00027台/人	—
开放时间(平均每周)	总馆80小时以上,分馆50小时左右	—
外借册次(册次)	390.7245万(分馆159.4718万)	—
年人均借阅量(册)	391万/450万人=0.87册/人	0.19
总流通人次(人次)	到馆总人次712.1144万(分馆人次376.3966万)	—
年人均到馆(次)	1.58	0.24
从业人员与服务人口比率	(含正式编制、合同工、临时工、分馆人员)477:450万=1:25 424	一般在1:10 000至1:25 000之间
2011年新增藏书(万)	53.63(纸质52.49/非纸质1.14)	—
人均年新增藏书(册)	0.118	—
公共图书馆藏书城乡比	454.81:120.89=3.67:1(3.76:1)	—

注:表中数据以调查统计来的2011年数据为准。

3.4　社会影响力的提高

嘉兴市构建城乡一体化公共图书馆服务体系受到全国关注，被誉为打破"篱笆墙"的公共图书馆和中国公共图书馆总分馆建设的"嘉兴模式"。2008 年 4 月召开的"构建公共图书馆服务体系高层论坛"认为：嘉兴与苏州、佛山禅城区模式代表了目前我国东部经济发达地区公共图书馆服务体系建设较为成功的探索，成为我国图书馆总分馆建设的发展方向。人民日报、中央电视台等国内多家重要媒体对此作了报道。浙江省委、省政府领导要求省内各地借鉴嘉兴总分馆体系建设的经验。浙江省已把嘉兴城乡一体化图书馆服务体系研究列入省重大创新课题。文化部于 2009 年 4 月在嘉兴召开了现场经验交流会。2009 年 6 月 8 日，中央政治局常委李长春考察了嘉兴市大桥分馆，称赞"嘉兴市构建城乡一体化公共图书馆服务体系的做法是公共文化服务模式的一个创新，有利于改变城乡公共文化服务二元结构，更好地体现公益性、基本性、便利性、均等性，保障人民群众基本文化权益。这个经验在全国有普遍意义，值得在全国推广"。对于如何解决农民读书难的问题，中央政策研究室文化研究局和省内外多家高校的领导和专家学者来嘉兴进行实地调研。2010 年，社科院国情考察团来嘉兴进行调研，并完成了相关调研报告；2011 年，嘉兴市城乡一体化图书馆服务体系建设列入国家公共文化服务体系建设的示范项目。嘉兴城乡一体化公共图书馆服务体系建设的社会影响日渐显现。

4　小结

从本次调查结果综合以上数据分析，可以看出嘉兴地区公共图书馆事业在这几年里得到了突飞猛进的发展。嘉兴城乡一体化公共图书馆服务体系自 2007 年年初建第一个分馆以来，经过近 5 年的发展运作，目前，全市建成开放乡镇分馆 56 个(54 个乡镇分馆和两个区分馆)，在实现乡镇全覆盖的基础上，正进一步向村和社区一级纵深方向发展，其体系日渐成熟稳健。在建设运行成本，节约社会资源，增强社会效益，维持可持续发展等方面都取得了不小的成绩，在当地广大民众中树立了良好的形象，获得了良好的口碑。但是需要指出的是，随着乡村社区一级图书室的建立，图书分馆数量的进一步扩大，服务面积，服务人口的进一步扩大，嘉兴地区城乡一体化服务体系将形成一个庞大的网络体系，其体制管理上存在的问题也将一步步显现出来，因此在发展过程中仍有很多困难和问题需要克服和解决。

嘉兴城乡一体化公共图书馆服务体系读者满意度调查报告*

程玉芳

Survey Report on Degree of Reader's Satisfaction on the Jiaxing Town - Country Integration Public Library Service System

Cheng Yufang

摘要：嘉兴市图书馆在2011年7月—10月进行了嘉兴城乡一体化公共图书馆服务体系读者满意度调查，调查对评估"嘉兴城乡一体化公共图书馆服务体系建设"和提升"嘉兴城乡一体化公共图书馆"服务质量起到了积极作用。本文对这次读者满意度调查进行了全面的分析和总结。

关键词：城乡一体化公共图书馆服务体系，读者满意度调查，嘉兴

Abstract: Jiaxing Library carried on a survey of degree of reader's satisfaction of the "Jiaxing town - country integration public library service system" to evaluate the system and got effectively function on the service quality. This paper completely summarizes and analyzes the degree of satisfaction.

Keywords: town - country integration public library service system, degree of reader's satisfaction, Jiaxing

1　调查背景

近年来，为了更好地解决农民"借书难、看书难"问题，嘉兴市公共图书馆以"普遍均等、惠及全民"为目的，积极构建城乡一体化公共图书馆服务体系，建设以市（县）图书馆为中心，以乡镇分馆为纽带，以村（社区）图书室和图书流动车为基础，以企业、学校、部队等行业系统图书馆联合加盟为补充，覆盖全市、城乡一体、功能完善、资源共享、管理规范的新型图书馆服务体系，并已初具规模。农民的读书问题得到有效的解决，社会反响较好。本着"以用户为中心"的服务宗旨，考量公众对此服务体系的满意程度，开展了覆盖所有总分馆的读者满意度调查。

2　调查目的、对象、内容、方法

2.1　调查目的

通过调查了解广大读者用户对总分馆模式下"嘉兴城乡一体化公共图书馆服务体系"的满意程度，分析总结经验，发现不足，以期进一步完善、健全、发展"普遍均等、惠及全民"的嘉兴城乡一体化公共文化服务体系，进一步优化读者服务。

---

* 本报告为嘉兴市图书馆《嘉兴城乡一体化公共图书馆服务体系建设》课题成果之一。

程玉芳，嘉兴市图书馆，馆员。E-mail：yfcheng1968@163.com

2.2 调查对象

嘉兴市本级中心馆及下辖五县市之总馆和各乡镇分馆的到馆读者。

2.3 调查内容

读者对总分馆模式下“嘉兴城乡一体化公共图书馆服务体系”的信息资源建设、环境设备建设、读者服务效果等方面的满意程度。

2.4 调查方法

问卷调查法。

3 样本选取、问卷设计和发放

3.1 样本选取

嘉兴地区目前有嘉兴、平湖、海宁、海盐、嘉善、桐乡六个总馆，两个区分馆（嘉兴市本级南湖区，秀洲区），54个乡镇分馆，总计62个。另有27个村、社区服务站和近300个流通点。本次总分馆的样本选取为62个总分馆的到馆读者。

3.2 问卷设计和发放

问卷参考了北京大学信息管理系、清华大学图书馆、复旦大学图书馆、台北医科大学图书馆等读者满意度调查问卷，经过反复讨论修订而成。根据实际情况，设计了4类20道题，较为全面地反映了图书馆服务的各个方面，尤其是总分馆体系服务效率方面的情况。

本次共发放问卷1860份，从2011年7月1日开始，至10月10日结束，为期三个多月。读者问卷以纸质问卷形式由各馆负责人现场发放给到馆读者，在到馆读者中随机选取。

4 调查结果

本次调查共回收答卷962份。回收率接近52%。其中有效答卷为958份，无效答卷4份，有效率为99.6%。[在一张答卷中的所有有效答题数超过15道（≥总题数的75%）视为有效]

4.1 读者基本情况分析

4.1.1 读者身份

933人填答了身份选项，从表1中可以看出其中学生最多，占调查人数的2/3左右。这表明嘉兴市公共图书馆读者群体以学生为主体。参与调查的人群中各种职业人数及比率见表1。

表1 读者职业分布

职业		人数	百分比	有效百分比	累积百分比
有效	教师	30	3.1	3.2	3.2
	学生	534	55.7	57.2	60.5
	军人	5	0.5	0.5	61.0
	农民	31	3.2	3.3	64.3
	企业工人	106	11.1	11.4	75.7
	商业服务人员	30	3.1	3.2	78.9
	专业技术人员	25	2.6	2.7	81.6
	企事业单位管理人员	50	5.2	5.4	86.9
	公务员	14	1.5	1.5	88.4
	自由职业、待业	55	5.7	5.9	94.3
	离退休人员	32	3.3	3.4	97.7
	其他	21	2.2	2.3	100.0
	合计	933	97.4	100.0	
缺失	0	25	2.6		
总计		958	100.0		

4.1.2 年龄分布

955人填答了年龄选项。从表2中可以看出嘉兴市公共图书馆读者群体以20岁上下的青少年为主体,表中反映出来的老年读者似乎不多,60岁以上的仅有39人,仅占总调查人数的4.1%。事实上据笔者在工作中观察了解,图书馆总馆有相当一部分老年读者群体以及少幼儿。其中一部分是离退休老人,以看书报休闲为主;也有一部分搞业余研究;还有一部分主要是离图书馆较近的居民,他们到图书馆的主要目的是休闲,聚会、聊天、夏天乘凉、冬天取暖,他们是图书馆又一道风景。但这种情况在调查问卷结果中没有体现出来,主要可能是因为他们文化程度不高,在调查过程中问卷没有发放到他们手中,所以调查表中无以体现。调查问卷读者年龄分布如下表2:

表2 读者年龄分布

年龄		人数	百分比	有效百分比	累积百分比
有效	18岁以下	426	44.5	44.6	44.6
	19—24岁	190	19.8	19.9	64.5
	25—34岁	154	16.1	16.1	80.6
	35—44岁	83	8.7	8.7	89.3
	45—50岁	31	3.2	3.2	92.6
	51—59岁	32	3.3	3.4	95.9
	60岁以上	39	4.1	4.1	100.0
	合计	955	99.7	100.0	
缺失	0	3	0.3		
总计		958	100.0		

4.1.3 学历分布

909人填答了学历选项。从表3中可以看出到馆读者群中学历以初高中学生为主体,研究生以上的读者群体很少。这与上面的年龄职业分布也吻合,再次说明嘉兴市公共图书馆的读者主体是处于青少年阶段的中学生。其具体分布见表3。

表3 读者学历分布

学历		人数	百分比	有效百分比	累积百分比
有效	初中以下	384	40.1	42.2	42.2
	中专或高中	309	32.3	34.0	76.2
	大专	112	11.7	12.3	88.6
	本科	98	10.2	10.8	99.3
	研究生及以上	6	0.6	0.7	100.0
	合计	909	94.9	100.0	
缺失	0	49	5.1		
总计		958	100.0		

4.1.4 获取资源途径

953位读者填答了此选项。从表4可以看出电子信息时代上网查找信息的群体占首位,其次是图书馆,二者合计有效百分比达88.7%。图书馆在当今社会仍然是人们获取信息的重要渠道。

表 4　读者问卷填答人员信息获取渠道分布

渠道		人数	百分比	有效百分比	累积百分比
有效	上网查找	496	51.8	52.0	52.0
	到图书馆查	350	36.5	36.7	88.8
	问同学或朋友	52	5.4	5.5	94.2
	书店	22	2.3	2.3	96.5
	通过广播和电视	29	3.0	3.0	99.6
	其他	4	0.4	0.4	100.0
	合计	953	99.5	100.0	
缺失	0	5	0.5		
总计		958	100.0		

4.2　读者满意度调查问卷主体内容分析

本次读者满意度调查共分为总分馆模式下“嘉兴城乡一体化公共图书馆服务体系”图书馆资源信息建设、设施环境建设、读者服务效果、总体满意度四个大类，大类下分若干小类。具体内容见附录。

从表 5 —表 16 中可以看出，满意度最低的是对图书馆距离居民居住地，满意度 49.9%；最高的是对图书馆综合满意度 60.6%，满意和非常满意者有效百分比合计都在 80% 左右。不满意和非常不满意者最高有效百分比合计 7.1%，主要是针对图书馆开放时间。这说明对于嘉兴公共图书馆城乡一体化服务体系的总体情况，当地市民还是相当满意的。

4.2.1　读者对总分馆馆藏纸质资源满意度

根据表 5 的资料显示，937 位回答者中，读者对总分馆模式下馆藏纸质资源表示非常满意和满意的有效百分比合计为 78.9%，其中表示非常满意者 173 人（18.5%），满意者 566 人（60.4%）；认为一般的 169 人（18.0%），与非常满意者人数基本持平；不满意的 26 人（2.8%）；非常不满意的 3 人（0.3%）。总体上不满意者为少数人。

表 5　读者对总分馆馆藏纸质资源满意度分布

满意度		人数	百分比	有效百分比	累积百分比
有效	非常不满意	3	0.3	0.3	0.3
	不满意	26	2.7	2.8	3.1
	一般	169	17.6	18.0	21.1
	满意	566	59.1	60.4	81.5
	非常满意	173	18.1	18.5	100.0
	合计	937	97.8	100.0	
缺失	0	21	2.2		
总计		958	100.0		

4.2.2　读者对总分馆馆藏电子资源满意度

根据表 6 的资料显示，936 位回答者中，读者对总分馆模式下馆藏电子资源表示非常满意和满意的有效百分比合计为 74.9%，比上一题略有下降，其中表示非常满意者 178 人（19%），满意者 523 人（55.9%）；认为一般的 214 人（22.9%），比上一题稍有增加；非常不满意的 2 人（0.2%）。

表 6　读者对总分馆馆藏电子资源满意度分布

满意度		人数	百分比	有效百分比	累积百分比
有效	非常不满意	2	0.2	0.2	0.2
	不满意	19	2.0	2.0	2.2
	一般	214	22.3	22.9	25.1
	满意	523	54.6	55.9	81.0
	非常满意	178	18.6	19.0	100.0
	合计	936	97.7	100.0	
缺失	0	22	2.3		
总计		958	100.0		

4.2.3　读者对图书馆总分馆环境设施满意度

根据表 7 的资料显示，937 位回答者中，读者对总分馆模式下图书馆环境设施非常满意和满意的有效百分比合计为 78.2%，其中表示非常满意者 206 人（22%），满意者 527 人（56.2%）；认为一般的 165 人（17.6%）；非常不满意的 7 人（0.7%）。与表 5、表 6 比较对图书馆环境设施方面非常满意和非常不满意的读者同时有所增加。

表7　读者对图书馆总分馆环境设施满意度分布

满意度		人数	百分比	有效百分比	累积百分比
有效	非常不满意	7	0.7	0.7	0.7
	不满意	32	3.3	3.4	4.2
	一般	165	17.2	17.6	21.8
	满意	527	55.0	56.2	78.0
	非常满意	206	21.5	22.0	100.0
	合计	937	97.8	100.0	
缺失	0	21	2.2		
总计		958	100.0		

4.2.4　读者对图书馆总分馆距离居民居住地满意度

据表8资料显示，调查读者中939人回应了本题，对比表5、表6、表7、表8，读者对总分馆模式下图书馆距离居民居住地的满意度与其他项目相比整体上下降，非常满意和满意的有效百分比合计为69.4%，其中表示非常满意者174人(18.52%)，满意者478人(50.9%)；而非常不满意的人数增加到13人(1.3%)。本题是整个调查表中满意度最低的一项。

表8　读者对图书馆总分馆距离居民居住地满意度分布

满意度		人数	百分比	有效百分比	累积百分比
有效	非常不满意	13	1.4	1.4	1.4
	不满意	35	3.7	3.7	5.1
	一般	239	24.9	25.5	30.6
	满意	478	49.9	50.9	81.5
	非常满意	174	18.2	18.5	100.0
	合计	939	98.0	100.0	
缺失	0	19	2.0		
总计		958	100.0		

4.2.5　读者对图书馆总分馆环境舒适度满意度

根据表9的资料显示，956位回答者中，读者对总分馆模式下图书馆环境表示非常满意和满意的有效百分比合计达到81.6%，比以上诸题满意度有所提升,其中表示非常满意者 252 人(26.4%),满意者 528 人(55.2%),非常满意的人数大大增加;但同时非常不满意的人数在整个调查表中依然处于高位,有 11 人(1.2%)。

表 9　读者对图书馆总分馆环境舒适度满意度分布

满意度		人数	百分比	有效百分比	累积百分比
有效	非常不满意	11	1.1	1.2	1.2
	不满意	24	2.5	2.5	3.7
	一般	141	14.7	14.7	18.4
	满意	528	55.1	55.2	73.6
	非常满意	252	26.3	26.4	100.0
	合计	956	99.8	100.0	
缺失	0	2	0.2		
总计		958	100.0		

4.2.6　读者对图书馆总分馆开放时间满意度

根据表 10 的资料显示,954 位回答者中,读者对总分馆模式下图书馆开放时间表示非常满意和满意的有效百分比合计为 75.2%,其中表示非常满意者 178 人(18.7%),满意者 539 人(56.5%);认为一般的 169 人(17.7%);非常不满意的 8 人(0.8%)。

表 10　读者对图书馆总分馆开放时间满意度分布

满意度		人数	百分比	有效百分比	累积百分比
有效	非常不满意	8	0.8	0.8	0.8
	不满意	60	6.3	6.3	7.1
	一般	169	17.6	17.7	24.8
	满意	539	56.3	56.5	81.3
	非常满意	178	18.6	18.7	100.0
	合计	954	99.6	100.0	
缺失	0	4	0.4		
总计		958	100.0		

4.2.7　读者对图书馆总分馆设备满意度

根据表 11 的资料显示,953 位回答者中,读者对总分馆模式下图书馆设备非常满意和满意的有效百分比合计为76.5%，其中表示非常满意者201人(21.1%)，满意者528人(55.4%)；认为一般的197人(20.7%)；不满意的21人(2.2%)；非常不满意的6人(0.6%)。

表11　读者对图书馆总分馆设备满意度分布

满意度		人数	百分比	有效百分比	累积百分比
有效	非常不满意	6	0.6	0.6	0.6
	不满意	21	2.2	2.2	2.8
	一般	197	20.6	20.7	23.5
	满意	528	55.1	55.4	78.9
	非常满意	201	21.0	21.1	100.0
	合计	953	99.5	100.0	
缺失	0	5	0.5		
总计		958	100.0		

4.2.8　读者对图书馆总分馆工作人员满意度

根据表12的资料显示，956位回答者中，读者对总分馆模式下图书馆工作人员非常满意和满意的有效百分比合计为86.2%，其中表示非常满意者248人(25.9%)，满意者576人(60.3%)满意度大大提升，接近90%；同时非常不满意和不满意的人数也大大降低，其中非常不满意的人数只有1人。

表12　读者对图书馆总分馆工作人员素质满意度分布

满意度		人数	百分比	有效百分比	累积百分比
有效	非常不满意	1	0.1	0.1	0.1
	不满意	15	1.6	1.6	1.7
	一般	116	12.1	12.1	13.8
	满意	576	60.1	60.3	74.1
	非常满意	248	25.9	25.9	100.0
	合计	956	99.8	100.0	
缺失	0	2	0.2		
总计		958	100.0		

4.2.9 读者对图书馆总分馆之间通借通还效率满意度

根据表13的资料显示,953位回答者中,读者对总分馆模式下总分馆之间通借通还非常满意和满意的有效百分比合计为81.6%,其中表示非常满意者213人(22.4%),满意者564人(59.2%);认为一般的163人(17.1%);不满意的11人(1.2%);非常不满意的2人(0.2%)。各类满意度比上一题基本持平,略有升降。

表13 读者对图书馆总分馆之间通借通还效率满意度分布

满意度		人数	百分比	有效百分比	累积百分比
有效	非常不满意	2	0.2	0.2	0.2
	不满意	11	1.1	1.2	1.4
	一般	163	17.0	17.1	18.5
	满意	564	58.9	59.2	77.6
	非常满意	213	22.2	22.4	100.0
	合计	953	99.5	100.0	
缺失	0	5	0.5		
总计		958	100.0		

4.2.10 读者对图书馆总分馆之间通借通还册次满意度

根据表14的资料显示,948位回答者中,读者对总分馆模式下总分馆之间通借通还册次非常满意和满意的有效百分比合计为80.1%,其中表示非常满意者208人(21.9%),满意者552人(58.2%);认为一般的172人(18.1%);不满意的14人(1.5%);非常不满意的2人(0.2%)。

表14 读者对图书馆总分馆之间通借通还册次满意度分布

满意度		人数	百分比	有效百分比	累积百分比
有效	非常不满意	2	0.2	0.2	0.2
	不满意	14	1.5	1.5	1.7
	一般	172	18.0	18.1	19.8
	满意	552	57.6	58.2	78.1
	非常满意	208	21.7	21.9	100.0
	合计	948	99.0	100.0	
缺失	0	10	1.0		
总计		958	100.0		

4.2.11 读者对图书馆总分馆提供的读者活动和咨询满意度

根据表15的资料显示,953位回答者中,读者对总分馆模式下图书馆总分馆提供的读者活动非常满意和满意的有效百分比合计为77.8%,其中表示非常满意者196人(20.5%),满意者545人(56.9%);认为一般的192人(20.1%);不满意的16人(1.7%);非常不满意的4人(0.4%)。

表15 读者对图书馆总分馆提供的读者活动和咨询满意度分布

满意度		人数	百分比	有效百分比	累积百分比
有效	非常不满意	4	0.4	0.4	0.4
	不满意	16	1.7	1.7	2.1
	一般	192	20.0	20.1	22.2
	满意	545	56.9	57.2	79.4
	非常满意	196	20.5	20.6	100.0
	合计	953	99.5	100.0	
缺失	0	5	0.5		
总计		958	100.0		

4.2.12 读者对图书馆总分馆综合情况满意度

根据表16的资料显示,913位回答者中,读者对总分馆模式下图书馆总分馆综合情况非常满意和满意的有效百分比合计高达90.9%,其中表示非常满意者249人(27.3%),满意者581人(63.6%);认为一般的78人(8.5%);不满意的4人(0.4%);非常不满意的1人(0.1%)。本题是整个调查表中满意度最高的一项。

从总分馆综合情况满意度数据来看,嘉兴市公共图书馆以解决农民"借书难、看书难"问题,实现"普遍均等、惠及全民"为目的而构建的"城乡一体化公共图书馆服务体系"取得了不错成效。

表 16　读者对图书馆总分馆综合情况满意度

满意度		人数	百分比	有效百分比	累积百分比
有效	非常不满意	1	0.1	0.1	0.1
	不满意	4	0.4	0.4	0.5
	一般	78	8.1	8.5	9.1
	满意	581	60.6	63.6	72.7
	非常满意	249	26.0	27.3	100.0
	合计	913	95.3	100.0	
缺失	0	45	4.7		
总计		958	100.0		

4.3　开放式问题中读者给出的意见和建议

在问卷的开放式提问部分，349 人给出了建议，97 人填写没有建议，27 人认为很好，没有建议。485 人没有回答。

读者给出的意见和建议比较杂乱无类，根据读者满意度调查问卷内容相应归纳为图书资源信息、设施环境、读者服务与活动三大类别，各类别下又归纳为若干小类。详细建议和意见 620 条，见表 17。

表 17　开放式提问读者之意见和建议一览表

意见和建议种类		读者响应	
		条数	百分比
图书资源信息	增加图书种类	147	23.7
	增加图书数量	72	11.6
	提升图书质量	27	4.4
	图书分类要更清晰	18	2.9
	及时更新图书	48	7.7

续表

意见和建议种类		读者响应	
		条数	百分比
图书馆环境设施	扩大分馆规模	12	1.9
	完善基础设施,提供好的桌椅	9	1.5
	增加自修室	15	2.4
	提供课堂式的自修室,仿照杭图	1	0.2
	分开阅览杂志和书籍空间	2	0.3
	扩大阅览面积	6	1.0
	增加阅览座位	19	3.1
	增加电脑数量	8	1.3
	分馆电脑软硬件设备陈旧,建议更新、升级	15	2.4
	查询书籍的电脑要常开	2	0.3
	灯光太暗	1	0.2
	延长开放时间	76	12.3
	希望图书馆离家近些,交通方便些	5	0.8
	设卖水的地方	6	1.0
	自修环境太吵,对于喧哗,大声说话管理不力,应加强读者环境管理	34	5.5
	加强读者不良行为管理,使不影响他人	13	2.1
	加强整理乱架图书	6	1.0
	注意卫生,卫生间及时清扫	9	1.5
读者服务	工作人员服务态度应予改进,提升整体素质	17	2.7
	工作人员增加责任心	5	0.8
	各分馆流通效率太低	5	0.8
	简化借书手续	2	0.3
	延长图书借期	4	0.6
	增加流动图书	1	0.2
	增加读者参与性的活动	25	4.0
	开展读者书刊查找与获取的培训	2	0.3
	开展老人儿童及文化低者等弱势群体文化技能培训	2	0.3
	加强宣传,增强读者文明阅读意识,爱书护书意识	6	1.0
总计		620	100.0

从表中可以看出列在前五位的意见和建议分别是:增加图书种类(147条,23.7%);延长开放时间(76条,12.3%),增加图书数量(72条,11.6%),及时更新图书(48条,7.7%),加强读者环境管理(34条,5.5%)。这其中三条是关于图书资源方面的。

4.3.1 图书馆总分馆资源信息方面的建议和意见分析

图书信息资源方面的建议合计312条,主要集中在要求增加图书种类和数量,提升图书质量等。其中在增加图书种类的建议中,有的提出了具体的增加种类,比如要求增加历史文化地理类书籍、人物传记类书籍、科普类书籍、法律书籍、老年人看的书籍、青少年类书籍、动漫类书籍、各类词典工具书等。从馆藏数量来说,嘉兴地区各总馆藏书量在30万—173万册之间,各分馆的图书藏书量一般在1万—3.7万之间,最少的在1万册左右,最多的在3.7万左右。图书资源在城乡分配上存在很大差距,各乡镇分馆图书无论从量上还是质上都有待进一步提高。这也从侧面反映出乡镇图书馆在乡镇民众中有一定的需求量和存在的必要性,以及广大民众对图书和知识的渴求。关于图书质量,读者主要反映有的图书过于陈旧或过时,即使是新购图书也存在过时落后现象;有的整套图书册数不全等。另外各乡镇分馆的图书资源是由总馆定期更新的,在更新时间间隔上也需要有所调整,以满足广大乡镇读者的需求。

4.3.2 图书馆总分馆环境设施方面的建议和意见分析

图书馆环境设施方面的意见和建议总计239条。其中位居第一位的是要求延长开放时间。有的要求早上能够提前开放时间,比如7:30左右,有的要求推迟闭馆时间,最好能够晚上也开。据统计来的数据,五县两区各馆特别是各分馆在开放时间上不是统一的,有的是9:00—20:00(海宁各分馆),有的是9:00—17:00(海盐各分馆),而平湖各分馆是夏令时9:00—20:00,冬令时是9:00—18:00。嘉兴、嘉善和桐乡每一个分馆开放时间也各不相同,比如嘉兴一部分是9:00—17:00,一部分是9:00—20:00;而嘉善有的是8:30—20:30,有的是8:00—20:30,有的是9:00—20:00,有的是9:30—20:00;桐乡相应的开放时间最短,有的是9:00—16:00,8:30—16:30,8:00—17:00,还有12:00—20:30的等等。从这些调查数据来看,有的馆是早上开的很晚的,有的馆是晚上不开的。所以这部分读者意见也相对较大较集中。在开放时间上看来图书馆特别是乡镇分馆应该相应有所调整。

要求加强图书馆环境管理的建议主要集中在认为环境太吵和读者行为不良上。近年来随着图书馆免费开放，准入门槛降低，任何人都可以随便进入图书馆；另外个别图书馆为了单纯追求图书馆读者人流量，在管理上对读者的某些行为也比较放纵放松，使得图书馆成为休闲聊天、谈情说爱、做私活的闲散之地、孩子们的打闹嬉戏天地：成年人打毛衣做各种私活的、闲嗑瓜子吃零食的、随便躺着、睡着的；青年读者学生公然秀恩爱的；大人们旁若无人地大声喧哗、接电话的；孩子们恣肆地来回奔跑吵闹的……使图书馆失去了往日的静幽典雅。所以有读者说图书馆现在成了菜市场、娱乐场所 。有的读者甚至建议禁止无证者出入，禁止无阅读能力者入馆。图书馆环境管理方面确实应该引起图书馆领导的注意。

图书馆环境设施其他方面的意见和建议比较集中的有要求增加读者阅览室阅览座位，增加电脑数量，反映电脑软硬件设备过于陈旧老化，应进一步提升电脑软硬件设备。也有要求简化图书借阅手续延长图书借期，认为图书馆灯光太暗，卫生条件也有待加强等。

4.3.3　读者服务和读者活动方面的意见和建议分析

读者服务和活动方面的建议合计69条，主要是建议图书馆工作人员在服务态度上应予改进，整体素质有待进一步提高；读者活动上主要提出要增加读者参与性与互动性活动。近年来图书馆在总分馆开展了诸如元宵节读者猜谜活动、读书节活动等等，这些活动的开展得到了广大读者的热情参与和喜爱，由于分馆这方面的活动相对较少，建议主要来自于乡镇分馆。这些建议一方面说明读者喜爱图书馆开展的这些形式多样、生动活泼的活动，同时也说明各乡镇分馆在这方面活动的不足，有待加强。

4.3.4　其他建议和意见

值得注意的是读者建议中有3条是针对读者的，建议在读者中加强宣传，增强读者文明阅读意识，爱书护书意识。在读者群体中有一部分人会在书中乱写乱画，甚至给书开天窗，挖走书中一些好的插图，或是文字，使得一些图书面目全非。读者能够从读者的角度提出这方面的宣传建议，说明读者群中还是有一部分人相当有自觉爱护图书意识的。

5　小结

本次嘉兴城乡一体化公共图书馆服务体系读者满意度问卷调查在广

大读者的积极支持与认真参与下，调查获得了大量可用于分析的数据，并使我们广泛了解了读者对图书馆服务工作的期望与意见。这些数据和意见是非常珍贵的资料，将在图书馆进一步提高服务水平和质量方面起到非常重要的作用。

我们相信，总分馆模式下嘉兴城乡一体化公共图书馆的服务工作一定会根据广大读者的意见不断调整改进，让大家更为满意。

参考文献

1　北京大学信息管理系《中国民营图书馆发展与管理的实证研究》课题组. 民办高校图书馆调查报告[R].

2　清华大学图书情报委员会. 2004年图书馆读者满意度调查报告[R],2004

3　张敏,谢琳. 复旦大学图书馆读者满意度调查案例分析[J]. 上海高校图书情报研究,2009(4)

4　陈怡婷. 台大医图96年读者满意度调查结果报告[J]. 台湾大学医学院图书馆馆讯,2008(93)

附录：

嘉兴市城乡一体化公共图书馆总分馆服务体系读者满意度调查问卷

调查对象：浙江省嘉兴市公共图书馆总馆及各分馆读者，海宁市公共图书馆总馆及各分馆读者，平湖市公共图书馆总馆及各分馆读者，桐乡市公共图书馆各分馆总馆及各分馆读者，嘉善县公共图书馆总馆及各分馆读者，海盐县公共图书馆总馆及各分馆读者。每馆各30份，

尊敬的读者：您好！

为了了解您的需求，促进"嘉兴市城乡一体化公共图书馆总分馆服务体系"的更好建设，实现"普遍均等、惠及全民"的图书馆服务理念，更好为广大读者服务，嘉兴市图书馆和相关课题组诚邀您参与此次调查。问卷采用匿名形式，您在答题时不必有任何顾虑。答题之前请仔细阅读每一部分说明，不要遗漏任何题目。

我们郑重承诺对您填写的内容严格保密。感谢您的积极参与！

嘉兴市图书馆《嘉兴市城乡一体化公共图书馆服务体系建设》课题组

一、读者基本情况

1、您的年龄：

(1)18岁以下 (2)19—24岁 (3)25—34岁 (4)35—44岁

(5)45—50岁 (6)51岁以上

2、您的性别：(1)男 (2)女

3、您的学历：(1)初中及以下 (2)中专或高中 (3)大专 (4)本科

(5)研究生及以上

4、您的职业是：________

5、你喜欢到哪里获得信息资料：

(1)上网查找 (2)到图书馆查 (3) 问同学或朋友 (4)书店

(5)通过广播和电视 (6)其他：

6、你来图书馆的频率( )

(1)每周一到两次 (2) 每周两次以上 (3)半月一次 (4)一月一次

(5)更低

7、你是否在馆内点击了本馆网站？

(1)是 (2)否

二、图书馆资源/信息

8、您对图书馆总馆或所在分馆馆藏印刷型图书（包括报纸、期刊）资源的数量和质量是否满意？

(1)非常满意 (2)满意 (3)一般 (4)不满意 (5)非常不满意

9、您对图书馆总馆或所在分馆馆藏电子资源（图书馆网站、电子期刊、电子图书、数据库等）的数量和质量是否满意？

(1)非常满意 (2)满意 (3)一般 (4)不满意 (5)非常不满意

三、图书馆设施/环境

10、您对图书馆总馆或所在分馆提供的阅览座位数是否满意？

(1)非常满意 (2)满意 (3)一般 (4)不满意 (5)非常不满意

11、您对图书馆总馆或所在分馆距离您居住地的距离远近是否满意？

(1)非常满意 (2)满意 (3)一般 (4)不满意 (5)非常不满意

12、您对图书馆总馆或所在分馆环境的舒适度（空间、温度、照明、饮水、卫生间、通风、安全）、整洁度及阅读学习氛围是否满意？

(1)非常满意 (2)满意 (3)一般 (4)不满意 (5)非常不满意

13、您对图书馆总馆或所在分馆的开放时间是否满意？

(1)非常满意 (2)满意 (3)一般 (4)不满意 (5)非常不满意

14、您对图书馆总馆或所在分馆提供必要的设备（网络环境、计算机、打印机等）帮助读者获取所需文献信息方面是否满意？

(1)非常满意 (2)满意 (3)一般 (4)不满意 (5)非常不满意

四、服务情感/服务效果

15、您对图书馆总馆及各乡镇分馆图书馆员工的整体素养素质方面（包括个人仪表，礼貌，接待读者的知识技能，工作效率等）是否满意？

(1)非常满意 (2)满意 (3)一般 (4)不满意 (5)非常不满意

16、您对公共图书馆之间及总馆与各乡镇分馆之间的图书通借通还效率（及时、高效）方面是否满意？

(1)非常满意 (2)满意 (3)一般 (4)不满意 (5)非常不满意

17、您对公共图书馆之间及总馆与乡镇分馆之间图书通借通还的册次是否满意？

(1)非常满意 (2)满意 (3)一般 (4)不满意 (5)非常不满意

18、您对图书馆总馆及各乡镇分馆提供的各种活动和咨询服务(现场、电话、E-mail\留言簿、BBS、实时在线咨询)是否满意?

(1)非常满意 (2)满意 (3)一般 (4)不满意 (5)非常不满意

五、综合评价

19、您对嘉兴市城乡一体化的公共图书馆总分馆服务体系的整体评价是?

(1)非常满意 (2)满意 (3)一般 (4)不满意 (5)非常不满意

20、您对目前嘉兴市城乡一体化公共图书馆总分馆服务体系有哪些意见和良好的建议?(可另附纸回答)

不同总分馆模式文献资源建设方法探讨

连康平

Discussion on the Literature Collection Construction Methods of the Different "Main - Branch Library" Modes

Lian Kangping

摘要：我国的公共图书馆包含多种多样的总分馆建设模式，总分馆之间的文献资源建设和配置方式也大不相同。本文对总分馆体系中文献资源建设方式进行整理与归纳，并分析各种建设方式的优势与劣势，各地区需要综合考虑地区情况选择适合本地区的总分馆文献资源建设方式。

关键词：总分馆，文献资源建设，资源产权

Abstract: Chinese public libraries include all kinds of main - branch library construction. The literature collection construction and distribution are also different. This paper arranges and generalizes the methods of collection construction under the main - branch library system, as well as analyzing the advantages and disadvantages of all kinds of collection construction and the appropriate construction method suit for different areas.

Keywords: main - branch library, literature collection construction, resources property right

根据美国图书馆协会的定义，总馆是一个独立建制的图书馆或一个图书馆系统中充当管理中心的图书馆，它是图书馆系统集中加工文献的场所，也是收藏整个系统主要藏书的处所[1]；分馆是总馆把一部分业务分离出去而形成的附属场馆，必须拥有基本馆藏、常规的人员配置和固定的开馆时间[2]。

依照此定义，总分馆体系是联系十分紧密的整体，但实际情况是，在中国现有的"一级政府建设和管理一个图书馆"的体制框架下，联系紧密的总分馆体系很难出现。当前我国公共图书馆总分馆体系建设的实质就是在现有体制框架内寻求一种使图书馆共同体成为可能的途径和模式。在不同的总分馆模式下，总分馆之间文献资源的配置方式也大相径庭，对已出现的资源配置方式进行整理和归纳，并分析各种方式的适合条件，有助于更全面的总分馆体系建立，为我国建设覆盖全社会的公共图书馆服务体系提供参考。

连康平，北京大学信息管理系，2011级硕士研究生。E-mail：liankangping@126.com

1 国内外相关研究综述

国外总分馆的研究不局限于基本理论研究，而是深入到实施总分馆制的较有代表性的某一类图书馆系统中，采取个案分析的研究方法，更为务实地分析国外实施总分馆制的典型图书馆的建设经验及其存在的问题[3]。例如，以加州大学图书馆、哈佛大学图书馆总分馆为例，讨论管理优势、信息资源共享优势、服务共享优势[4]；以洛杉矶公共图书馆为例，将总分馆服务模式分为馆藏服务和项目服务两类，同时从图书馆使命、组织管理、战略规划、资金来源、公众支持和技术应用等方面进行详细探讨[5]。

国内总分馆讨论最早见于2003年的《图书馆论坛》，陆建芳[6]在高校多校区图书馆的组织管理模式中提出统分结合管理模式，即总分馆制模式，初步探讨了总分馆概念及建设方法。之后随着福田、东莞等地区公共图书馆对总分馆模式的实践，相关理论研究也逐渐丰富。学者们的研究大致分为三个方面：对目前已有的总分馆模式的介绍与总结[7]；对总分馆特点进行分析并探讨其长远发展的可能性[8]；探讨总分馆模式实行的立法保障和体制问题[9]。专门论述公共图书馆总分馆文献资源建设的文献较少，大多作为专著的章节或论文的一部分。肖希明在《公共图书馆服务体系中文献资源建设探讨》[10]一文中提出公共图书馆服务三大类型，其中第二种类型即为总分馆服务体系，以苏州等地区为例简单介绍总分馆服务体系中文献资源的建设情况。

2 通过自下而上的全委托而形成的总分馆模式

该模式下文献资源的建设方式是：分馆或其基层政府将一定数额的年度购书经费和人员工资委托给总馆使用，总馆按双方认同的书刊数量、资产管理办法为分馆配备藏书；分馆同意将图书的资产权临时（在协议期内）转让给总馆支配[11]。这种模式并非地方政府主导，一般由总馆负责分馆的资源建设和服务水准，基层政府只需要向总馆支付部分购书经费，总馆和分馆之间的联系比较紧密。

目前比较有代表性的采取这种模式的是苏州、哈尔滨、厦门和2007年以前的嘉兴等地。以苏州图书馆为例：苏州图书馆和基层政府以协议的方式合作建设社区分馆，基层政府在文献资源建设方面的职责是支付年度购书经费，而苏州图书馆的职责包括提供分馆初始藏书并定期补充调配和征订报刊，开通馆藏数字资源，对文献资源实行统一管理、联合采编、统一检索，实现通借通还[12]。在该模式中，总馆的主导作用很强，由于购书经费统一由总馆管理，实际上分馆相当于总馆的一个部门，所以实施"动态资产权"几乎没有障碍，即将文献所在的馆视为该文献的资产归属地点，方便了文献通借通还和资源调配。

但是这种文献资源配置模式也存在一定缺陷：首先，总馆负责分馆资源建设的大部分工作，势必会加重总馆的负担，因此每个下设的总馆分馆数量不能过多，不利于覆盖全社会的公共图书馆服务体系的建设；其次，基层政府在资源建设方面只提供部分的购书经费，因此总馆其实也要为分馆的资源建设提供部分支持，对于经济欠发达地区的图书馆来说，作为该模式的总馆显然是力不从心的。因此，该种模式的文献资源建设方式适合于经济发达地区的图书馆，并且分馆数量必须限制在一定数量内。

3 通过自上而下的全委托而形成的总分馆模式

该模式下文献资源的建设方式是：地方政府提供各个分馆的购书经费，提供方式有两种，一是地方政府委托总馆管理和直接分配购书经费给各分馆；二是地方政府直接将购书经费分配给各分馆。无论采取何种方式，分馆使用购书经费购买的文献资源产权属于总馆。总馆可以在分馆之间调配资源，使其在分馆之间流动。该模式与自下而上的全委托模式不同的是参与的政府级别不同，该模式的政府参与主体为建设总馆的地方政府。

目前比较有代表性的采取该种模式的是深圳福田地区。福田区图书馆作为总馆，已建立了1个区级馆、11个街道分馆、94个社区图书馆的总分馆体系[13]。福田区政府在文献资源建设方面的职责是：直接为区级馆和街道馆提供购书经费，并不委托福田区图书馆分配经费和文献资源，但文献资源产权归福田区图书馆所有。由于购书经费来源于福田区政府，且直接分配至分馆，福田区图书馆作为总馆的作用被大大削弱，分馆之间由于缺少统一管理，通借通还也存在一定障碍。

采取这种总分馆模式建设文献资源的优势在于，由地方政府保障购书经费，相对于基层政府提供购书经费更为可靠。若是地方政府将购书经费交由总馆，则总馆可以实现统一管理，分馆之间可以实现通借通还，对于分馆服务的标准化有积极作用；但由于总馆负担加重，分馆数量必须受到限制；若是地方政府将购书经费直接分配至各级分馆而绕过总馆，如福田区政府，则总馆对分馆的管理能力大大降低，一般也无法实现通借通还，但由于总馆权责降低，分馆的数量可以不受限制，例如福田区图书馆已有约一百个分馆。

无论地方政府提供经费采取何种方式，都无法简单评判好或不好，要根据当地具体情况而定。例如需要覆盖大量边远地区图书馆，通借通还的需求不高，则地方政府完全可以考虑将购书经费直接分配至各级分馆。

4　通过自下而上的半委托而形成的总分馆模式

该模式下文献资源的建设方式是：分馆将双方认同的一定数额的年度购书经费委托给总馆使用，总馆按双方认同的书刊数量和资产管理办法为分馆配备藏书，文献资源在总分馆之间可以实现通借通还[14]。与自下而上的全委托模式不同的是，该模式下分馆人员由当地委派而不归总馆管理，因此总馆不掌握分馆的管理权，相对于全委托模式，总馆的职责范围相对较小。

苏州市2005年之前建设了三个该模式的分馆。基层政府在文献资源建设方面的职责是：每年向苏州图书馆支付2万元购书经费，而苏州图书馆负责定期为分馆调配文献资源，总分馆之间可以通借通还。虽然在资源建设模式方面，该模式与自下而上的全委托模式十分接近，但是由于分馆管理人员由基层政府管理，导致了服务质量低下，投诉频繁等问题，而作为总馆的苏州图书馆除了向合作方交涉外，并没有良好的解决办法。该种模式下的总分馆只是一定程度共享文献资源，总馆的服务无法延伸到分馆。

这种模式的总分馆体系的缺点是显而易见的：总馆对于分馆没有足够的权力，必然无法保证分馆的服务质量，所以不推荐该种模式的总分馆建设方式。由此可见，只是文献资源共享的总分馆体系并不完善，需要其他管理机制及法规政策予以辅助。

5　通过自上而下的半委托而形成的总分馆模式

该模式下文献资源的建设方式是：地方政府将购书经费委托给总馆，

并责成总馆为分馆配备资源，总馆为分馆配备的资源产权属于分馆，通常可以实现通借通还。由于政府经费购置的资源产权属于分馆，因此文献在总分馆之间流动过程中，形成了复杂的产权关系。

东莞地区总分馆建设采取该模式：总馆负责全区域内文献资源的采购、编目、分类、加工，分馆专事各种读者服务工作。由于文献资源产权属于分馆，因此图书只能在其所属馆借出和续借。为解决通借通还问题，东莞市开发了集群管理系统，把不同产权的书目数据集中在一个管理系统的中央书目数据库中，使产权归属在技术上得以明晰。但由于分馆对于属于本馆的图书通借通还在观念上还存在障碍，因此管理系统上的产权明晰"既成为有限通借通还的支撑，也因为过于明晰而成为完全通借通还的制约因素"[15]。

该模式下的分馆人员由当地委派，分馆管理在总馆职责之外，分馆的服务质量同样无法得到保障；文献资源的产权固定属于某个分馆，推行通借通还等资源共享策略时会受到制约。该模式的优势在于，地方政府主导，分馆的文献资源建设经费有所保障；同时由于总馆责权不重，分馆的数量可以适当放宽，如东莞地区目前已构建起由 1 个总馆、36 个分馆及 102 个图书流动车服务点组成的城乡图书馆总分馆网络体系。

由于该模式需要地方政府提供大量的资金支持，因此建议经济发达并且图书馆事业基础较好的地区尝试。若是政府资源建设经费投入不足，无法覆盖所有分馆，则建议考虑由下而上的总分馆建设模式。

6　完全（纯粹）的总分馆模式

该模式是指，图书馆在本级政府的支持下，投入一部分图书、设备、人员，在本馆之外另外开设新馆作为自己的分馆，总馆与分馆之间统一借书证，通借通还。该模式下分馆的文献资源其实就是总馆的一部分，资源产权自然归于总馆，除此之外，总馆还拥有对分馆的管理权限。该模式最接近于美国图书馆协会关于总分馆制的定义，属于"纯粹"的总分馆模式，目前比较有代表性的是佛山市禅城区联合图书馆。

佛山市禅城区联合图书馆是由当地政府完全拥有所有权，统一标志、统一平台、统一资源、通借通还、高度共享的联合图书馆，政府在总分馆建设中起到绝对的主导作用，所有的购书经费均由禅城区政府支付。禅城区图书馆作为总馆，集中控制政府的购书经费，统筹规划各分馆的文献资源建设，集中采购和统一支配文献资源，即文献资源建设经费统一，文献资源建设管理主体统一。目前，禅城区已形成了1个总馆、8个分馆的联合图书馆体系[16]。

该模式的总分馆体系其实是对目前我国"一级政府管理一个图书馆"体制的突破，地方政府的图书馆管理权限延伸至基层图书馆。该模式效率较高，统一管理也使分馆的服务质量得到保障，但是地方政府和总馆的压力较大：地方政府要负责整个区域内分馆的建设与管理，需要大笔经费投入；而总馆需要对资源统一编目、协调规划并按照分馆需要进行分配，也需要大量的人力物力。这种模式目前仅限于经济发达的地区尝试，并非在全国范围内都适用。

佛山市禅城区总分馆成功的建设说明，公共图书馆体制调整未必一定需要改变现有的行政体制，公共图书馆建设体制可以在暂不改变行政体制的情况下作局部调整[17]，如通过调整文化事业建设费的划拨办法，集中各级图书馆建设和运行的费用，统筹使用。

7 总分馆模式的影响因素

总分馆的模式直接影响总分馆文献资源的建设方法。总分馆模式的影响因素包括当地的经济情况，主要考虑指标是政府对文化建设的关注和投入程度；其次要考虑当地常住人口的密度，在人口密集的地区文献资源通借通还比较合理，而人口稀疏的地区通借通还成本过高，效益不明显；最后还需要考虑分馆的数量，若是分馆数量较少，则总馆的职责可适当加重，考虑全委托的总分馆模式，反之则需要考虑半委托的总分馆建设模式。

8 结语

总体来讲，我国大部分总分馆体系并非美国图书馆协会定义的纯粹总分馆模式。在我国，总馆的建设主体是地方政府，由地方政府提供总馆的购书经费，以进行文献资源建设。分馆的建设主体形式多样，包括基层政府提供购书经费，基层政府和上一级的地方政府合作提供购书经费以及地方政府单独提供购书经费。经费的来源和提供方式不同，导致了文献资源的产权归属也各有不同，部分模式下资源产权属于总馆，总分馆间可以通借通还;部分模式下资源产权属于分馆,这种情况下通借通还和资源调配通常会受到限制;还有部分模式,例如苏州地区,文献资源产权是动态的,文献流通到哪个馆产权就归属于该馆。不同的总分馆模式下,总馆对文献资源的处理权限和职责也不同,部分总馆会负责资源的组织、整理、调配,统一进行编目后分配给分馆;部分总馆只是提供文献资源,后续的管理活动需要分馆自行完成。无论是何种形式的总分馆模式,总馆和分馆之间一定是存在某种形式的资源共享和流通的。

建设总分馆体系的初衷是发挥各级政府的力量,使公共图书馆服务体系覆盖到全社会,因此这个目标是各个地区建立总分馆模式的基本原则,一切以服务广大群众为主。由于我国不同地区经济、文化、政治发展水平不同,无法一概而论的统一实行某种总分馆模式。不能认为完全的总分馆模式最接近于国外的定义,而备加推崇,各个地区需要根据自身政府和图书馆界的实际情况,选择合适的总分馆模式及资源建设方式。

参考文献

1,2 Young H. The ALA glossary of library and information science [M]. Chicago: ALA,1983

3 孙坦. 国外总分馆制研究简析[J]. 图书馆建设,2010(8)

4 李晓辉,孙坦. 国外大学图书馆总分馆制的优势及启示[J]. 图书馆建设,2010(8)

5 刘兰,黄国彬. 国外公共图书馆总分馆制典型案例分析及其启示——以洛杉矶公共图书馆总分馆制为例[J]. 图书馆建设,2010(8)

6 陆建芳. 试析高校多校区图书馆的组织管理模式[J]. 图书馆论坛,2003(4)

7 邱冠华. 苏州城区总分馆建设的实践与思考[J]. 图书情报工作,2009(1)

8 沈国弟,陈丽春. 分馆制与公共图书馆的可持续发展[J]. 图书馆学刊,2005(6)

9 李国新. "总分馆"建设的最大障碍是体制障碍——《覆盖全社会的公共图书馆服务体系:模式、技术支撑与方案》读后[J]. 图书馆建设,2008(9)

10,12 肖希明,张新兴. 公共图书馆服务体系中文献资源建设探讨[J]. 中国图书馆学报,2011(6)

11,14,15,17 邱冠华,于良芝,许晓霞. 覆盖全社会的公共图书馆服务体系:模式、技术支撑与方案[M]. 北京:北京图书馆出版社,2008

13 深圳福田图书馆主页:http://www.szftlib.com.cn/index.jsp? pid=1

16 禅城区联合图书馆主页:http://www.cclib.cn/page/6.htm

18 孙慧明,倪晓建. 国外城市公共图书馆服务体系建设及其启示[J]. 图书馆建设,

2011(3)
19 李超平.中国公共图书馆服务体系“嘉兴模式”研究[J].中国图书馆学报,2009(6)
20 汪莉莉,钟永恒.中国科学院国家科学图书馆总分馆制研究[J].图书馆学研究,2009(21)
21 王以俭.公共图书馆实行总分馆制管理模式研究[J].绍兴文理学院学报,2010(1)
22 温晓红.实施总分馆制集群管理 探索图书馆服务转型发展——榆次区分馆的实践体会[J].科技情报开发与经济,2011(23)
23 徐珊.图书馆政策评估研究——以“嘉兴市建设城乡一体化公共图书馆服务体系”政策评估为例[D].北京:北京大学,2009

浅议中心馆—总分馆体系下的人员培训

——以杭州地区为例

胡 芳

Discussion on the Personnel Training in the Central Library—Main-Branch Library System

——Taking Hangzhou Area as an Example

Hu Fang

摘要：对中心馆—总分馆体系中的中心馆而言，人员培训包含了两个层面：一是本馆的人员培训；二是地区性的人员培训。文章以杭州地区中心馆—总分馆体系为例，探讨中心馆在地区性人员培训中所承担的任务，应发挥的作用，并就目前地区性人员培训中存在的问题提出解决思路。

关键词：中心馆，人员培训，继续教育

Abstract: In the central library—main-branch library system, personnel training include two levels:library staff training and regional staff training. Taking Hangzhou central library—main-branch library system as an example, this paper discusses the duty of the central library in the personnel training in regional area and the role it should play.

Keywords: central library, personnel training, continuing education

人员培训是图书馆人力资源建设的重要内容，有效的人员培训是提高人员素质，提升服务水平的重要保障。随着图书馆事业的不断发展，从资源共建共享的角度出发，各地逐步建立起总分馆体系。中心馆—总分馆是总分馆建设的一种代表模式，中心馆在体系内起到了总领、标杆的作用。就人员培训而言，笔者认为中心馆的人员培训工作包含两部分内容：一方面针对本馆人员进行的人员培训；另一方面作为中心馆，需策划组织地区性的人员培训。本文着重探讨的是第二方面的问题，即中心馆如何在整个体系内部有效地策划组织人员培训，如何有效地实现地区内部培训资源的共享。

因总分馆体系内部中心馆与总馆、总馆与分馆之间的隶属关系不同，体系内部的资源配置情况存在一定的差异，本文以杭州地区中心馆—总分馆的模式为例，探讨这一模式下，中心馆如何开展人员培训工作。

胡芳，杭州图书馆业务办公室副主任，馆员。E-mail：ffmiss@sohu.com

1　杭州地区中心馆—总分馆体系的特点

杭州地区中心馆—总分馆体系的特点主要有两个：第一，杭州图书馆作为中心馆，其与区、县（市）图书馆之间没有行政隶属关系，主要扮演地区业务协调、指导的角色，在人、财、物方面没有管辖权，不能统一地进行资源配置。第二，各区、县（市）图书馆与其下属的分馆之间存在行政隶属关系，分馆的人、财、物可由总馆统一配置，总馆不仅能对单一的分馆进行资源调配，更能实现分馆间资源的调配。作为中心馆，在策划、组织地区性人员培训时需充分考虑以上两个特点。

2　中心馆如何组织开展地区性人员培训

基于中心馆—总分馆体系本身的特点，中心馆在策划、组织人员培训时要将满足全地区需求，有效配置地区内部培训资源作为制订计划、实施培训的主要原则，重点把握好以下几个问题。

2.1　多渠道地开展培训需求调查

培训是一种有组织的管理训诫行为。为了达到统一的科学技术规范、标准化作业，通过目标规划设定、知识和信息传递、技能熟练演练、作业达成评测、结果交流公告等现代信息化的流程，让员工通过一定的教育训练技术手段，达到预期的水平[1]。在进行培训以前，了解参训人员的培训需求并对其进行分析是提高培训针对性的有效手段。培训需求调查中要努力避免以下问题：一是调查针对性不够强，使得所获得的培训需求五花八门，无法统计；二是组织培训的机构只是被动地收集培训需求，缺乏主动引导。就中心馆—总分馆体系而言，组织培训的机构应把人员培训工作与全地区近期、中期发展目标结合起来，明确未来一定时期内培训工作的重点或中心工作，围绕该重点或中心工作开展培训需求调查，从而增强培训需求调查结果的针对性和可操作性。中心馆可通过多种渠道了解全地区人员的培训需求：①利用定期的全地区馆长会议、业务会议的时机，向区、县（市）图书馆馆长、业务骨干了解他们个人的培训需求。②利用图书馆协会等行业组织征集各区、县（市）图书馆人员培训的需求。③通过调查问卷的方式了解人员培训需求。通过各类直接或间接的需求调查，基本掌握全地区从业人员的培训需求，为编制地区性人员培训计划提供依据。

2.2 针对性地制订培训计划

培训计划应该包括长期计划和短期计划两种。长期计划是人力资源规划的组成部分,它是以组织的长期经营战略规划为基础制定的;短期计划即培训实施计划,它以长期培训计划为依据,并从现实中的培训需求出发和结合有关条件具体制订,以提高培训的针对性和有效性[2]。培训组织部门要将地区发展目标与人员培训需求调查结果结合起来,拟定地区性人员培训计划。因涉及人员较多,中心馆负责人员培训的机构在制订培训计划时可考虑分层次策划人员培训:①针对各区、县(市)图书馆馆长进行以高端讲座、实地观摩为主的专题培训,其目的是让区、县(市)图书馆馆长获取先进管理经验和图书馆事业发展的前沿理论等。②针对各区、县(市)图书馆业务骨干进行以理论培训和实践培训相结合的训练营式培训,通过一定时间的集中式培训,使参训人员的业务理论水平和实际操作能力有一定程度的提升。③针对基层图书馆(室)从业人员进行以实践操作为主的岗前培训或基础技能培训,通过培训使基层从业人员熟悉业务系统,具备实务操作能力,能较好地为读者提供服务。

2.3 多形式地实施培训

人们学习一般有两种途径:一类是代理性学习。在这种学习过程中,学习者学习到的不是他们得到的第一手知识,而是别人获得后传递给他们的间接性经验、阅历和结论。常见的如课堂教学。另一类是亲验性学习。学习者是通过自己亲身的、直接的经验来学习的,所学到的是自己直接的第一手的经历。这种学习有利于能力培养,它有时是不可能被代理性学习所代的。如案例讨论、现场实习、模拟性练习、做游戏或竞赛、角色扮演等[3]。基于这两种学习的特点,培训组织部门可根据参训人员教育背景、现有知识水平、现有的职称水平、现有的岗位特点等设计不同形式的培训课程,因材施教(如下表1)。

表1　培训方式一览表

培训方法	内容形式	适用人员		
		知识水平	岗位特点	职称状况
个案研究	进行案例分析研究	大专以上	均可	中级以上
角色扮演	让学习者扮演不同的角色	均可	服务部门	均可
小组训练	通过小组检查自己的行为	均可	服务部门	均可
教材、手册	理论教材或执行手册	均可	均可	均可
拓展训练	利用户外活动,增强领导人员的领导能力	本科以上	中层以上	均可
	增强团队协调能力	均可	均可	均可
操作事务训练	上机操作	均可	服务部门	均可
加强和演示	通过学习,帮助区分一些细微之处,有效提高工作能力	本科以上	均可	中、高级
决策训练	提供一份计划书或方案,要求参训人员进行决策	本科	方案策划	中、高级

以上表格中所列的培训形式其实并没有过多的创意或创新,与授课培训的方式相比,最大的不同在于它更多的强调了参训人员的参与性和互动性,在上述的各种培训中,培训主讲人不再进行以往的填压式教学,更多的是引导、启发参训人员,让参训人员通过自身体验和理解获取培训知识。同时,培训的焦点也不应仅停留在业务工作层面上,参训人员的领导力、团队协作能力以及其他综合素质的培养也应成为培训的重要内容。

2.4　重视培训效果评估

培训效果评估是指培训机构依据培训的目的和要求,运用一定的评估指标和评估方法,检查和评定培训效果的活动过程。它是培训效果监督、检验的重要环节[4]。过去我们在进行培训时往往只强调过程或是仅重视培训是否圆满结束了,但一直忽略培训效果的评价,增加了重复性或无用性培训发生的概率。目前国际上应用最广泛的培训效果评价方法是柯氏培训评估模式。柯氏培训评估模式简称“4R”,即:Level 1. 反应评估(Reaction):评估被培训者的满意程度;Level 2. 学习评估(Learning):测定被培训者的学习获得程度;Level 3. 行为评估(Behavior):考察被培训者的知识运用程度；Level 4. 成果评估（Result）：计算培训创出的经济效益[5]。相对来说第三、第四层次的评估模型所耗费的成本较大，且获取相关数据难度较大，特别是对于图书馆这样的公益性机构而言，经济效益较难评估。在现实操作时，可以根据现实条件选取资金、人力等条件可以支持的评价模型进行效果评价。引入评价模式是为了用更加科学的手段检验培训是否符合参训人员的培训需求，是否达到了预期的目的，切忌为了评价而评价。此外，在引入评价模型的同时，还可以借鉴国际标准组织（ISO）于1999年底颁布的ISO 10015（企业培训质量管理标准）中的内容，规范培训工作，提升培训工作效果。

2.5　积极利用已建立的公共图书服务网络

地区性的人员培训要积极利用已有的公共图书服务网络，将虚拟培训与实体培训结合起来。如：杭州地区各级区、县（市）图书馆通过"文澜在线"——杭州数字图书馆这一平台实现区域内部培训资源的共建共享。中心馆可以利用数字平台发布文字类、视频类、音频类等各种类型的培训资料，一是可节约师资、场地、交通等的成本，二是可扩大参训人员的受众面，三是参训人员可根据需要随时获取，增强了培训的灵活性。今后，数字平台的共享性、参与性进一步提高，在线讨论等培训也可得以实现。再比如，东莞市总分馆建设中，东莞图书馆作为总馆专门派遣业务骨干挂职基层馆长[6]，这种做法有效地将总馆或中心馆的优质资源输送到分馆或基层图书馆，使分馆、基层图书馆的业务水平能在较短时间内有较大的提升。

3　中心馆在组织地区性人员培训工作亟须解决的问题

在目前的中心馆—总分馆体系下顺利开展人员培训工作还有许多障碍，仍存在一些亟须政府层面解决的问题。

3.1　行政体系的条块式结构致使中心馆—总分馆体系下很难构建一个集人、财、物资源为一体的人员培训系统

因各级公共图书馆分别隶属于不同的行政主管部门，中心馆与各区、县（市）图书馆之间没有直接的行政隶属关系，因此不能统揽整个地区的人力、财力、资金资源，这就给建设人员培训系统造成了一定的障碍。中心馆在统筹地区人员培训时显得力不从心。

3.2　缺乏相关政策的保障

就浙江省而言，尚未出台专门的保障人员培训的相关政策，关乎图书资料专业的就更不用提了。从全国范围看，很多人员培训的政策、条例也多适用于企业，而无图书资料专业人员培训的相关政策。因为缺乏相应的行政法规、政策的保障，图书馆在争取人员培训所需的人力、财力资源时缺乏依据，从而影响了人员培训的规模、水平，最终影响培训效果。

3.3　缺乏专门从事人员培训工作的人力资源

就目前而言，公共图书馆体系内没有专门从事人员培训工作的人员。因为缺乏专门从事该项工作的人员，常常出现有时间多做点，没时间少做点；为了培训而培训，只讲求数量，不讲求质量；不考虑参训人员的培训需求，只为了完成目标任务而做培训等现象。

3.4　缺乏系统的培训教材

目前图书、情报专业的相关教材很多，各地培训都是根据自己的判断选择培训教材，且各类教材大多是大学图书、情报专业的授课教材，理论知识扎实，但对实际工作的指导性较差，很难直接作为从业人员的培训教材。目前，在全国范围内专门针对公共图书馆从业人员的全面性、系统系、专业性的培训类教材几乎没有。

中心馆—总分馆体系下的人员培训工作是总分馆体系建设工作中的新问题，无论是理论还是实践尚需我们在实践工作中不断摸索，不断总结。

参考文献

1,3　刘大平. 国有企业管理人员培训体系优化设计[D]. 北京：北京交通大学经济管理学院，2009

2　姚裕群. 人力资源开发与管理[M]. 北京：北京师范大学出版社，2012

4　王丽莹，潘淑贞. 人力资源培训与开发[M]. 广州：华南理工大学出版社，2011

5　柯氏评估模型[M/OL]. [2012－07－15]. http://baike. baidu. com/view/1112828. htm

6　卢毅锋. 东莞城市总分馆建设的十年时间与思考[J]. 公共图书馆，2012(2)

浅谈总分馆通借通还的物流管理和物流系统规划

武　娇

Discussion on Logistics Management and System Planning of Interchangeable Borrowing and Lending of Main - Branch Library System

Wu Jiao

摘要：总分馆通借通还是公共图书馆全面提升读者服务的标志，其中包含着大量的物流活动。文章阐述了总分馆通借通还的物流管理和物流系统规划。

关键词：通借通还，物流管理，物流系统规划

Abstract: Main - branch library system's interchangeable borrowing and lending is a big step of improving readers' service but it includes large logistics activities.The paper analyses putting modern logistics theory into interchangeable borrowing and lending that explains logistics management and system planning.

Keywords: interchangeable borrowing and lending, logistics management, logistics system planning

1　背景

当前我国正在建设覆盖全社会的公共图书馆服务体系，各地涌现出许多形式的图书馆服务网络。其中总分馆体制的建设备受关注。所谓的总分馆模式是指一个区域的图书馆群，以其中一个图书馆为核心作为总馆，其他图书馆处于从属地位作为分馆，在行政上隶属于总馆，或在业务上接受其管理，并存在着资源共享、服务延伸等关系，从而形成区域性网状服务模式[1]。如苏州、嘉兴总/分馆制；天津阳光100 社区图书馆；东莞图书馆之城；北京西城区总/分馆制以及杭州市图书馆部分分馆，并呈现“一卡通”、“一证通”等通借通还服务形式。总分馆通借通还是信息资源共建共享的具体体现，其根本目的是方便读者，即是指一个总馆和多个分馆组合为一个服务平台，读者可以通过现场、网络、电话等方式在任何一个图书馆查询、借阅、归还馆藏。简言之，读者用一张借阅卡可以通借或通借通还总馆和任何一个分馆的图书或其他馆藏形式。

武娇，北京大学信息管理系，2011 级研究生。E - mail：wuwujiaojiao@126. com

2001 年实施的国家标准《中华人民共和国国家质量标准物流术语》中规定:“物流是物品从供应地向接收地的实体流动过程。根据实际需要,将运输、储存、装卸、搬运、包装、流通加工、配送、信息处理等基本功能实施有机结合。”[2] 物流管理是根据用户需求,以物流战略研究和物流系统规划为基础,对物流活动进行规划、实施、组织和控制。当前各行各业已逐渐意识到物流管理的重要性,努力运用科学的物流管理理论,指导行业中的生产、运营和配送等。

总分馆通借通还是馆藏经过采购、加工、编目、配送后,到读者手中,读者再还回总馆或分馆的实体流动过程。在此工作中包含了大量的物流活动,如图书等馆藏资源的运输、仓储、包装、装卸搬运、配送等实物物流以及“借书—还书”正逆向物流等。这就需要图书馆决策者和管理人员加强图书馆物流管理思想意识,建立健全物流管理体制,形成高效的物流系统规划,发挥物流效益作用,以最低的成本为最多的读者提供最好的服务。

2 总分馆通借通还的物流管理

2.1 通借通还的物流过程

通借通还的实现过程涉及两个或更多图书馆,各馆之间需要签订通借通还协议,其信息流和物流过程也存在多种形式。

第一,分馆向总馆借,还于总馆或该分馆或其他任一分馆。例如,分馆 A 的一名读者,想借总馆一本书,最后在总馆或分馆 A 或其他任一分馆还回。整个借还过程应是:①读者通过具有通借通还功能的分馆 A 的 OPAC 用户接口经过用户认证后向总馆提出请求预约图书。②预约成功后,总馆执行一个通知服务,向分馆 A 通知其读者的预约行为。③总馆的馆藏将出借给读者,则总馆向分馆 A 发出接受馆藏请求,将图书寄送给分馆 A。④当分馆 A 收到馆藏时,向总馆发出通知,表明馆藏已经收到,并交付读者。在馆藏借出期间,与一般流通相同,也可以进行续借、催还、挂失等操作。⑤若读者把图书还给总馆时,总馆可直接办理还书手续,并向分馆 A 发出信息。若读者把图书还给分馆 A 时,分馆 A 向总馆发出信息,并可将该图书寄还给总馆或留在分馆 A。若读者把图书还给其他任一分馆,被还分馆向总馆和分馆 A 发出信息,并可将该图书寄还给总馆或留在被还分馆。⑥总馆收到信息或馆藏后,工作人员可以办理还书手续,向分馆 A 和被还分馆通知此书已还。整个通还通借过程完成。

第二,分馆向分馆借,还于总馆或该分馆或其他任一分馆。分馆 A 的一名读者,想借分馆 B 一本书,最后在总馆或分馆 B 或其他任一分馆还回。整个借还过程应是:①读者通过具有通借通还功能的分馆 A 的 OPAC 用户接口经过用户认证后向分馆 B 提出请求预约图书。②预约成功后,分馆 B 执行一个通知服务,向分馆 A 通知其读者的预约行为。③分馆 B 的馆藏将出借给读者,则分馆 B 向分馆 A 发出接受馆藏请求,将图书寄送给分馆 A。④当分馆 A 收到馆藏时,向分馆 B 发出通知,表明馆藏已经收到,并交付读者。在馆藏借出期间,与一般流通相同,也可以进行续借、催还、挂失等操作。⑤若读者把图书还给分馆 B 时,分馆 B 可直接办理还书手续,并向分馆 A 发出信息。若读者把图书还给总馆或其他任一分馆时,总馆或被还分馆向分馆 B 和分馆 A 同时发出信息,并可将该图书寄还给分馆 B 或留在总馆或被还分馆。⑥分馆 B 收到馆藏或信息后,工作人员可以办理还书手续,向分馆 A 或总馆或被还分馆通知此书已还。整个通还通借过程完成。

第三,总馆向分馆借,还于总馆或该分馆或其他任一分馆。总馆的一名读者,想借分馆 C 一本书,在总馆或分馆 C 或其他任一分馆还回。整个借还过程应是:①读者通过具有通借通还功能的总馆的 OPAC 用户接口经过用户认证后向分馆 C 提出请求预约图书。②预约成功后,分馆 C 执行一个通知服务,向总馆通知其读者的预约行为。③分馆 C 的馆藏将出借给读者,则分馆 C 向总馆发出接受馆藏请求,将图书寄送给总馆。④当总馆收到馆藏时,向分馆 C 发出通知,表明馆藏已经收到,并交付读者。在馆藏借出期间,与一般流通相同,也可以进行续借、催还、挂失等操作。⑤若读者把图书还给分馆 C 时,分馆 C 可直接办理还书手续,并向总馆发出信息。若读者把图书还给总馆或其他任一分馆时,总馆或被还分馆向分馆 C 和总馆发出信息,并可将该图书寄还给分馆 C 或留在总馆或被还分馆。⑥分馆 C 收到馆藏或信息后,工作人员可以办理还书手续,向总馆或被还分馆通知此书已还。整个通还通借过程完成。

从上述描述可以看出,多种通借通还形式的实现是一个非常复杂的过程。其信息流和物流交换,如图 1 所示。

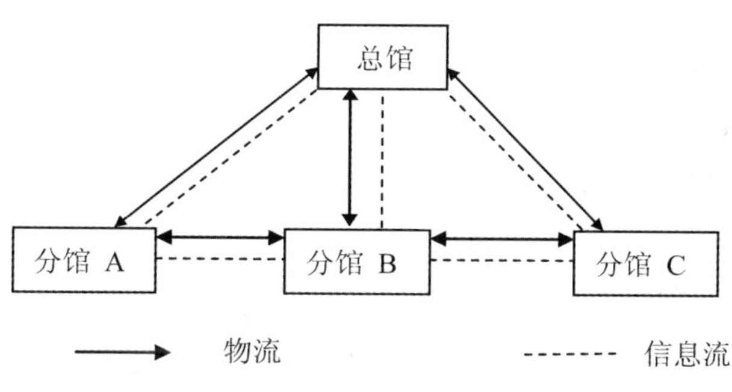

图 1　信息流和物流交换图

通借通还相当于形成了信息物流配送中心网络,每个图书馆成为网络上的一个节点,除了每个节点自身的物流活动,信息物流配送中心网络还包括物流配送中心选址、协同配送、系统规划等一系列复杂的物流活动。物流活动对图书馆能否有效实现和提升读者服务起着关键作用,因此应充分利用物流管理的理念和物流系统规划来实施。

2.2　通借通还的物流管理

将现代物流管理理论应用到图书馆物流管理体现在:①建立目标管理体制,目标管理是以目标为中心循环管理过程,图书馆以一个阶段应完成的总体目标为准线,并将其分解到分馆与个人,从而组成目标体系网络,形成物流。②参与管理,体现了以人为中心的管理,提倡发挥个人聪明才智,实现自我价值。③运筹管理,是对人以外资源的效率和效益管理,利用管理经济学和运筹学,建立数学公式和模型,对物流运作提供最优方案的量化管理。

通借通还的物流管理具体表现在:①总馆先制定读者服务工作计划,以通借通还协议规则为基础,再制定物流计划。物流计划包括物流所要达到的目标,以及为实现这个目标所进行的各项工作及先后次序。②要分析总分馆在物流目标实现的过程中可能涉及的外界影响,尤其是不利因素,并制定对这些不利因素的对策。③提出实现物流目标的人力、物力和财力的具体措施。实施通借通还需要中转大量书刊和外借交流信息,物流配送环节发挥着重要作用,只有合理的物流配送,才能使总馆统一采购、均衡各分馆的馆藏文献资源。因此需要建立统一规划、统一组织的物流管理机制和物流系统。

在此过程中，总馆需对物流活动进行组织和指挥，把物流活动中各个相互关联的环节如总馆、分馆和读者三者之间合理地结合起来，按照人、财、物统一调配，以确保馆藏文献资源的无障碍流通。总馆需对物流活动形成监督和检查，可以了解到馆藏文献资源在各分馆之间物流活动的实施情况，找出存在问题，分析问题原因，及时提出解决方法。总馆需对物流活动进行调节，根据物流的影响因素，对各分馆的物流活动运行情况做出新的综合平衡，重新确定总馆与各分馆的物流目标。物流的服务质量将直接影响到图书馆服务的满意度，总馆还需要进行及时的质量评估和监督，应以一段时期进行评估，总结先前经验，制定下一轮物流计划，逐步实现高效科学，让读者能够更加方便快捷地获取文献资源。

3 总分馆通借通还的物流系统规划

物流系统是指在一定的空间和时间里，物流活动所需的机械、设备、工具、设施、线路等物质资料要素之间相互联系、相互制约的有机整体[3]。将总分馆通借通还物流作为一个系统进行规划，对保障物流活动的有效进行，对图书馆降低成本、改善服务有重要作用。

3.1 物流系统规划的步骤

首先物流系统需要形成一个总框架，在总框架的基础上再采用系统分析的方法，对整个系统的各个部分进行统筹规划与设计。物流系统的规划与设计的过程大致可分为五个阶段。其流程图，如图2所示。

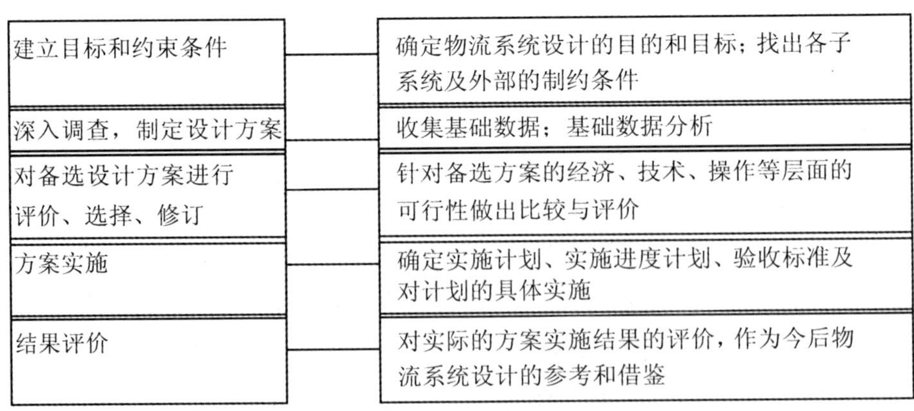

图2 物流系统的规划与设计流程图

3.2 通借通还物流系统规划的目标

对于物流系统来说，首先要有明确的目的，即物流系统要实现的目标。通借通还的物流系统应实现三个目标：①降低成本。将运输、存储等物流可变成本（包括人力成本）降到最低。②减少资本。使物流系统的投资回报率最大化，例如利用第三方物流服务运送图书，借助合作方网络业务建立网点等。③改进服务。不断提高对读者的服务质量和服务能力，如缩短读者查询时间、等待时间，提高外借图书效率，满足更多读者需求。

3.3 通借通还物流系统规划的层次分析

一般来说，物流系统规划可以构建为物流规划、业务流程重组管理、绩效评价三个方面。从时间的角度而言，物流系统规划可以分为前期、后期两个时期。前期包括物流战略、战术运作规划及业务流程重组管理，后期包括物流绩效评价，后期可以为前期规划做信息反馈，并帮助进行下一次的物流系统规划。物流系统有三个层次：战略层、战术层、运作层。战略层是确定主要物流活动的战略，策略层和运作层是在战略确定的基础上对物流活动进行统一管理，通过流程设计和方法为基础，完成物流系统的运作。针对通借通还物流系统规划层次可以构建如表 1。其中读者服务目标、分馆设施选址、运输是规划要解决的主要问题。

表 1 规划层次及部分内容

层次 / 规划内容	战略层次	战术层次	运作层次
读者服务	设定目标和标准	—	—
设施选址	分馆的数量、规模和位置	馆藏定位	线路选择、馆藏派送
运输	服务目标	选择运输方式	委托、合作

3.4 通借通还物流系统规划的内容

总分馆通借通还物流系统规划与设计的内容，如图 3 所示。

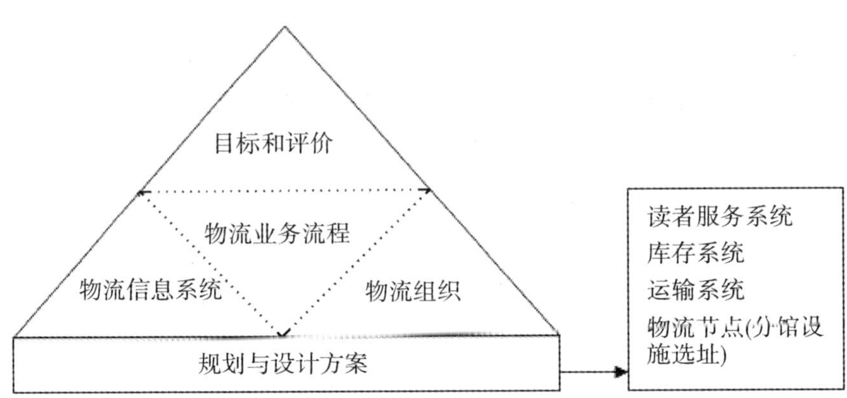

图3 总分馆通借通还物流系统图

3.4.1 读者服务系统规划

通借通还物流系统首先要确定适当的读者服务水平,了解读者的实际需求,包括读者查询找书时间、借阅时间、倾向的续借方式等。

3.4.2 物流节点规划(分馆设施选址)

物流节点是指物流网络中连接物流线路的结节处,又称物流接点。线路和节点相互交织连接构成了物流网络。物流节点建设与选择的根据是配送的频率和顾客的要求,以实现配送时间最少、物流成本最低和服务质量最高为目的[4]。总分馆模式涉及多个图书馆,形成了物流配送设施网络,每个图书馆成为网络上的一个节点,构成了物流规划的基本框架。主要内容包括分馆数量、地理位置和覆盖服务人群。物流管理理论中好的设施选址应考虑所有的馆藏移动过程及相关成本,通过不同的渠道来满足读者需求。在英国公共图书馆服务评估体系中,第一指标就是读者是否能方便快捷地到达[5]。可以运用多重心法、线形规划、模拟法等进行多设施选址研究和路线规划。

3.4.3 库存系统规划

据估算,仓储和搬运成本占企业物流总成本的26%[6]。图书馆库存规划包括读者需求预测、采购与供应管理(文献需求计划、适时分拨计划等)、仓储决策等。其中,书库的设计需考虑规模、结构、空间布局等问题。而搬运系统在图书馆中受到较大重视,如人工系统、传送带系统、自动存储和上架系统等。根据广东省立中山图书馆2003年流通数据统计,《中图法》的F、I、T三大类的借阅量占全部流通量的44%[7]。这些高流通率的馆藏也应该作为书库设计和排架的考虑因素。例如,很多图书馆专门开辟新书借阅处,将最有可能被借阅的书放在最容易取到的地方,将极大地节省读者找书和馆际互借的时间。

3.4.4　运输系统规划

运输系统规划包括确定运输战略、运输线路、选择运输方式、运输批量和运输时间表。这些决策受总馆与分馆以及读者的分布和距离的影响。总分馆的文献配送涉及较为复杂的运输决策,可以考虑是否利用第三方物流服务。现代第三方物流企业通常是指由物流的供方、需方之外的专业化或综合化的物流企业[8],它能够集成物流的多种功能。例如上海图书馆首先实现了物流配送的专业化,由上海图书馆的物业管理公司从事物流业务,配备专门车辆,设计市区和郊区的不同线路[9];还可以考虑借助合作方网络业务建立网点,例如,新加坡公共图书馆借助新加坡邮政系统遍布全国的储蓄网点和分拣信息的便捷性[10],实现了“一卡通”服务。邮政系统的快捷、发达,使其成为图书馆很好的合作伙伴。再如上海图书馆在实践一段时间之后,感到物流配送应当从专业化发展至社会化,经过一年的论证和招投标,2007年年底,上海图书馆委托上海邮政物流公司承运[11],率先实现物流配送社会化,并且借助其网络业务覆盖范围拓宽了自己的服务网点。目前我国图书馆几乎都只负责自身相关部分图书的分拣工作,但是伴随着通借通还的深入开展,仅凭单个或几个图书馆将无法应对,在此方面应该考虑合作或委托的方式。

3.4.5　物流管理信息系统规划

物流信息系统是指由人员、设备和程序组成的,为物流管理者执行计划、实施、控制等职能提供信息的交互系统,是物流系统的一个子系统。在物流管理中,要寻找最经济、最有效的方法来完成物流的时间距离和空间距离,必须传递和处理各种物流信息。物流信息系统的规划应从调查读者的需求和确定满足需求的绩效标准开始,应能够将读者需求与当前各图书馆信息系统相匹配。图书馆能够借助此系统确定需要哪些战略决策,利用先进的物流信息技术可以帮助图书馆发掘出更大的发展空间,提高读者服务水平。如电子采购平台、文献管理平台、数字图书馆系统等。

4 结语

总分馆通借通还一方面方便了广大读者就近、便捷地使用文献资源，标志着公共图书馆读者服务水平的提升；另一方面，通过联网和合作，进一步加强了公共图书馆之间的联合和协助，有利于实现资源的共建共享。目前通借通还仅限于图书，相信经过一段时间努力会拓展到其他馆藏资源及服务，真正使读者受益。因此公共图书馆需要针对其中包含的大量物流活动，借鉴现代物流管理和系统规划理论，这将有助于各个部门高效地运转，挖掘服务潜力，提升核心竞争力，塑造良好的社会形象。

参考文献

1 邱冠华. 人民的图书馆——公共图书馆向基层延伸的服务模式研究[J]. 图书馆建设,2007(6)

2 刘华. 现代物流管理与实务[M]. 北京:清华大学出版社,2004

3,4,8 董维忠. 物流系统规划与设计[M]. 北京: 电子工业出版社,2011

5 许异兴. 图书馆物流系统规划[J]. 图书馆建设,2008(9)

6,7 姚城. 物流配送中心规划与运作管理[M]. 广州: 广东经济出版社,2004

9,11 王世伟. 城市中心图书馆发展若干问题研究[J]. 图书情报工作,2009(1)

10 张丽. 关于图书馆与邮局在"通借通还"环节中的合作[J]. 图书馆杂志,2010(12)

"中心馆—总分馆制"模式下的县乡总分馆建设探析

——以杭州市桐庐县图书馆总分馆建设为例

刘　莹

Analysis on County and Village Main-Branch Library Construction under the Mode of "Central Library—Main-Branch Library"

——Taking the "Main-Branch Library" Construction of Hangzhou Tonglu County Library as an Example

Liu Ying

摘要：杭州图书馆提出充分重视和发挥区县图书馆力量，确立区县图书馆在区域范围内建设公共图书馆服务体系的中心地位，更有效地将服务辐射到乡镇(街道)、村(社区)，并于2009年在桐庐县进行试点。经过三年的努力，桐庐县总分馆建设实现全覆盖，人、财、物统一管理，形成了良好的运行机制和管理机制。

关键词：中心馆，总分馆，桐庐

Abstract: Hangzhou Public Library points out "central library—main-branch library" mode to construct public library service network and emphasizes to pay attention to exerting the power of district and county library. "Main-branch library" construction of Tonglu County realized the service covering all the citi-zen and the unity of human re-sources and capital, thus forms good op-eration and management system.

Keywords: central libray, main-branch library system, Tonglu

1　引言

2003年，杭州图书馆设计并在全市范围推行"图书信息服务一证通"工程，以技术先行的方法，以图书馆联盟的形式，与全地区各级各类图书馆合作共建，初步建立起覆盖市、区县、街道(乡镇)、社区(村)的图书馆四级服务网络，并实现了文献的通借通还和书目数据的共建共享。但是随着这一服务网络的不断发展，图书馆联盟体相对松散的关系，以及因网络扩大必然增加的业务量，导致杭州图书馆在网络建设的推进过程中，压力与日俱增，尤其是要加大对乡镇(街道)、村(社区)服务点的建设力度和管理力度，是心有余而力不足。

刘莹，杭州少儿图书馆，馆员。E-mail：39083213@qq.com

因此，杭州图书馆提出了以“中心馆—总分馆制”模式来构建覆盖全市、普遍均等的公共图书馆服务网络，提出应充分重视和发挥区县图书馆力量，确立区县图书馆在区域范围内建设公共图书馆服务体系的中心地位，将服务更有效的辐射到乡镇（街道）、村（社区）。为了探索这一模式的可行性和实际效果，2009年年初，桐庐县作为杭州市“中心馆—总分馆制”模式的首个试点地区，开始有计划、有步骤地启动了以覆盖桐庐全县，实现本地区图书馆服务普遍均等为主要目标的图书馆总分馆建设。

经过二年来的努力，桐庐县图书馆总分馆体系基本建立，全县已建成乡镇分馆12家，村级服务点183家，覆盖率达100%，并全部实行免费服务。其成功经验和遇到的问题对进一步推进我国县乡总分馆建设具有积极的参考意义。

2　桐庐县图书馆总分馆建设的运营模式："中心馆—总分馆制"

以“中心馆—总分馆制”运营模式，来整合市、区、县、乡镇（街道）、村（社区）图书馆（室）的资源，是桐庐县图书馆总分馆试点工作的基础和核心。其中，杭州图书馆是整个杭州市公共图书馆服务体系建设的中心馆，县、区图书馆不仅是本地区公共图书馆服务网络的总馆，也是本地区的中心馆，两者围绕总体目标，通过分级管理的方式，最终建成覆盖全杭州，“惠及全民”、“普遍均等”的公共图书馆服务网络。

在这一模式中，按照属地管理的原则，各区、县政府是当地公共图书馆总分馆体系建设的责任主体，文广新局是管理主体。杭州市成立全市公共图书馆发展委员会，负责全市公共图书馆服务体系建设的协调、指导、监督和考核等工作。各级图书馆的角色和职能分别是：

（1）中心馆主要承担对区、县公共图书馆业务的规划、指导、协调和评估等工作；提供统一的技术平台、信息管理系统和服务标准；对体系建设中的盲点地区进行服务网点布设和管理；完善数字图书馆建设，实现全地区的数字资源共建共享；加强与高等院校图书馆、专业性图书馆的资源整合与共建共享服务网络建设等，通过努力成为全市公共图书馆服务体系的业务指导中心、文献保障中心、技术支持中心、专业培训中心和信息服务中心。

（2）总馆承担本辖区内各分馆和村级图书服务点的规划、指导、管理、监督和评估等工作；组织落实统一采购、集中编目、通借通还、数字资源库建设、资源共享等工作,通过努力成为区域内公共图书馆服务体系的文献保障中心和业务指导中心。

(3)分馆负责乡镇(街道)分馆业务的正常开展和和持续创新,承担村(社区)图书服务点的具体建设、管理、监督等工作。在总分馆体系中处于从属地位,业务上接受总馆管理。

3　桐庐县图书馆总分馆建设的主要做法和成效

"总分馆制度的顺利实施需要有强大的资金来源作保障,还需要先进的网络技术的支撑来对各个馆的资源进行整合,同时还要冲破传统图书馆事业条块分割、分灶吃的体制限制"[1]。桐庐县的图书馆总分馆建设以中心馆提供的"一证通"工程为基础,并通过政府主导、分级投入、统一管理的思路,在一定程度上缓解了行政体制的束缚,确保了资金来源,基本实现总分馆统一的人、财、物管理、统一规划和实施、统一服务标准,以及资源的高度共享。

3.1　主要做法

3.1.1　政府出台指导意见

2009 年 5 月,经桐庐县人民政府同意,《桐庐县构建城乡一体化公共图书馆服务体系实施意见》(桐政办【2009】70 号)正式颁发。该意见中明确了指导思想、总体目标、工作任务、工作要求,为全面推进乡镇分馆建设提供了良好的政策支持,也在制度层面保障了总分馆建设的顺利发展。文件中指出经费由县、镇(乡)两级政府根据发展目标和实际情况分级承担、共同投入,从而在现行财政分灶体制下,分散基层图书馆建设的财政压力,确保总分馆建设能够落到实处。

3.1.2　协议的形式

由县文广新局与各乡镇签订协议"桐庐县图书馆乡镇分馆合作共建协议书",明确指出桐庐县文广新局是全县乡镇分馆建设的管理主体,负责全面协调、督查和检查;乡(镇)政府是落实乡镇分馆建设的责任主体,同时负责村级图书室的建设;县图书馆负责乡镇分馆的业务建设和指导。并在协议中约定建设标准、经费投入、服务规范等内容,建立起了合作共建机制和长效管理机制。

3.1.3　分步推进,因地制宜

桐庐县是杭州市二类地区,其政治、经济综合水平在各区、县中属中等

水平。但其山区村较多、乡镇之间发展不平衡,因此,在建设过程中,根据“从实际出发,因地制宜”原则,一方面根据全县各个乡镇的人居环境、经济条件的差异以及当地居民的学习氛围等因素,优先在条件较为成熟的乡镇率先创建分馆,以发挥较好的示范作用。另一方面在馆舍的选址上,本着便利、节约、共享原则,不拘一格,充分利用闲置的校舍、活动室等场所,尽量与乡镇(街道)文体站、“东海明珠”工程用房共建共享。2010年底,桐庐全县所有乡镇(街道)都完成了综合文化站的新建或扩建项目,建筑面积均在1000平方米以上,最大的达3000多平方米。此利好消息,加速了乡镇分馆的建设速度。桐庐县在建设标准上,不搞“一刀切”,以建于人口密集地区为主要标准,注重实效。如合村、莪山、新合等总人口不到一万的小乡镇,在分馆建设时,从实际情况出发,对馆舍建筑面积不作硬性要求,只要人员容易集聚即可,充分保障居民利用的方便、快捷,使公共图书服务更贴近百姓、方便百姓。

3.1.4 经费分级投入,统一管理

县图书馆的经费由县财政全面负责,各乡(镇)分馆的前期建设经费和运作经费由乡(镇)政府负责落实,购书经费由县、乡(镇)两级政府共同投入。其中,乡(镇)政府根据当地服务人口落实每年人均1元以上的购书经费,县财政按1:1落实配套经费。上述两级政府投入的经费统一交给县图书馆,由县图书馆统一采购、统一加工、统一配送。

3.1.5 人员的招聘、派遣、培训由总馆统一实施、统一管理

2009年,桐庐县根据实际情况和总分馆建设要求,分配了13个人员指标给县图书馆,主要用于各分馆工作人员的配备。每设一个分馆,县图书馆派遣一名管理人员长驻分馆,负责分馆日常业务管理。同时,各乡镇根据分馆规模和实际,配置1名以上工作人员,以确保分馆业务的正常开展。乡镇配备的工作人员,原则上根据县总馆要求向社会公开招聘,经总馆统一培训合格后上岗,由乡镇与其签订岗位合同。这一人力资源集中管理的做法,保障了总分馆人才队伍的健康发展。

3.1.6 文献统一采购、统一编目、统一配送

在县、乡两级政府投入的购书经费均交予总馆即县图书馆集中管理的前提下,桐庐县的总分馆建设实现了由总馆全权负责分馆的图书资源采购、编目、分类、标引、加工,包括报刊资料也由总馆统一配置。总馆定期将

统一加工后的书刊进行统一配送。这一模式,优化了全县各级图书馆文献资源配置和布局结构,实现了文献编目工作的标准化和规范化,同时避免了机构重复设置和人员重复劳动,大大节约了成本,提高了工作效率,也为通借通还的实现打下了基础。

3.1.7　通过中心馆"一证通"平台,实现文献通借通还和资源共享

桐庐县进行总分馆建设的技术平台依附于中心馆即杭州图书馆提供的"图书馆集群管理系统"。乡镇分馆与县总馆在这统一的技术平台上,通过互联网技术,进行网路系统整合和计算机的网络化管理,不仅实现了图书的通借通还、本地区各级图书馆数字资源的共享,同时也实现了与全杭州地区图书馆书目检索、数字资源的共享共用,大大提高了信息服务能力,为缩小城乡间的信息鸿沟提供了有力的保障。

3.1.8　建立考核评价制度

桐庐总分馆建设中考评制度的建立,对规范乡镇分馆建成后的业务运行,促进其健康发展起到了积极的意义。对乡镇分馆的考评主要包括建成时的验收和建成后的绩效考核。县文广新局与各乡镇签订的"桐庐县图书馆乡镇分馆合作共建协议书"中约定,乡镇分馆建成后,"由市、县两级文化行政主管部门和总馆验收合格后交付使用,合格的分馆由市、县给予建设补助奖励经费"。《桐庐县图书馆乡镇分馆管理暂行办法》中明确了"每年由县文化广电新闻出版局组织县、镇及总馆参与的联合考核小组,根据《桐庐县图书馆乡镇分馆考核细则(试行)》对乡镇分馆进行绩效考评"。

3.2　主要成效

3.2.1　乡镇分馆、村级图书流通点 100% 覆盖

到目前为止,桐庐全县 12 个乡镇均建立了乡镇分馆,每个分馆都建有电子阅览室,配备 10 台以上电脑,并实现免费开放。全县 183 个行政村都建设有图书流通点,每个点配备至少 300 册农民最需要的书籍,藏书量达 1500 册及以上的行政村(社区)有 42 个,500 册以上的有 141 个。

3.2.2　整个地区公共文化建设资源实现高度共享

桐庐县总分馆的建设充分整合了乡镇综合文化站、闲置校舍、村级活动室等场所优势,不仅降低了硬件的投入成本,也为这些场所注入了新的活力,尤其是充实了乡镇综合文化站的服务内容,提高了综合文化站的利用率。同时,总分馆体系内文献的统一配置、通借通还,数字资源的共享和

免费使用，不仅合理节约了资源，提高了资源利用率，为缩小城乡信息鸿沟提供了条件，更极大地提升了桐庐县公共文化服务的公益性、平等性和便捷性，满足了群众对阅读和信息的需求。

3.2.3 办馆条件明显改善，人、财、物保障程度提高

（1）办馆条件。通过两年的试点，桐庐县12个乡镇分馆的用房面积达到2528 m^2，最小的百江分馆也有110 m^2，最大的富春江分馆达到480 m^2；平均阅览座位达34.7个；每个分馆安装有一台以上空调；平均读者可用计算机（可上网）为14.5台，最少不低于10台。

（2）购书经费。总分馆的购书经费投入得到切实保障，实现常态化。2011年，每个分馆购书经费平均达到3.25万元，最少的不低于1万元。

（3）管理人员。总分馆的人才队伍建设既具有了较好的稳定性，又有了一定专业水平。由总馆派往12个乡镇的专职工作人员，均有初中以上学历，其中高中学历占66.7%，大专及以上学历占25%，成为分馆的人才核心。乡镇配备了1名以上的兼职管理人员，协助业务开展。

（4）馆藏文献。在购书经费保障的前提下，桐庐各分馆的文献资源得到了有效保障。据调研，截至2012年9月，桐庐县12个分馆平均拥有图书11 583册，报刊59.25种。较之12个分馆刚成立之时，图书总藏量增长46.2%，报刊总种数增长121.5%。

3.2.4 服务效能显著提高

桐庐县在实施总分馆后，每个分馆每周开放均在5天（含）以上，其中开放6天（含）以上的分馆占58.3%，平均每个分馆的开放时间达每周35小时，部分分馆晚上也坚持开放。2011年，平均每个分馆的到馆人次达3595.3人次，最高可达8900人次；平均每个分馆系统统计的外借册次达4210.9册次，最高的达17 124册次。

3.2.5 群众满意度提升

根据2012年上半年桐庐县图书馆所做的读者调查结果显示，参与调查的200多位百姓，对乡镇分馆的硬件设施（包括藏书、阅览桌、上网、阅览环境、便民服务）的满意度达99.5%；对乡镇分馆工作人员服务的满意度达100%；51.4%的受访者参加过乡镇分馆组织的读者活动；71.6%的受访者每月去乡镇分馆的次数超过2次（含）。群众对图书馆服务满意度的提升，在一定程度上也提升了群众对当地党和政府的满意度，这也让更多的党政

领导看到了图书馆在地区建设和发展中的重要作用,为图书馆未来可持续发展开了好头。

4　杭州图书馆为桐庐县总分馆建设提供的主要支持

杭州图书馆作为杭州市公共图书馆服务体系的中心馆,在技术、服务、文献、培训、业务指导等方面为桐庐县的总分馆建设提供了有效支持,并积极营造有利于总分馆制长效发展的政策环境。

4.1　统一了"平等、免费、无障碍"理念

早在2006年,杭州图书馆牵头制订了《杭州地区公共图书馆服务公约》,并向全体杭州市民颁布。包括桐庐县图书馆在内的杭州各级公共图书馆均遵循公约要求,对来馆读者实行基本免费服务。因此,桐庐县总分馆的实施秉承了这一理念,自始至终坚持了"公共性",为其实现"普遍均等"的目标打下了基础。

4.2　统一的技术平台、信息管理系统和服务标准

2003年,杭州图书馆设计、推广了"图书信息服务一证通"工程,当时包括桐庐县图书馆在内的九家图书馆加入了这一工程,并结成联盟体进行联网服务。桐庐县总分馆建设正是以"图书信息服务一证通"为基础,采用由杭州图书馆提供的统一技术平台、信息管理系统和服务标准,节约了自行开发建设的成本,为实现文献的通借通还和书目数据的共享提供了保障。杭州图书馆还为区县馆提供各类相关的业务和技术培训。

4.3　建立联合编目中心和文献物流中心

杭州图书馆成立了杭州市公共图书馆文献采编中心,为全市各级公共图书馆文献编目提供标准书目数据的制作、维护及质量控制,编目培训等。因此各区县图书馆在文献编目方面,不仅可以节约人力,更有了质量保证。此外,2010年10月,杭州图书馆正式建立杭州市公共图书馆文献物流中心,统一负责杭州市主城区和各区县的图书馆间的文献配送,极大地节约了区县图书馆物流成本,提高了服务能力。

4.4　营造了有利于总分馆制发展的本地区政策环境

为了更好地促进"中心馆—总分馆制"建设,尤其是加强总分馆网络建设,杭州图书馆从2009年起开始拟订《关于进一步加强杭州市公共图书馆服务体系建设的实施意见》(以下简称《实施意见》)。2011年12月31日,

由市委、市政府正式颁发。《实施意见》明确了杭州市公共图书馆服务体系建设的发展目标、运营模式,对基础设施建设、保障经费投入、队伍建设、规范管理等做出了明确要求,是发展我市图书馆事业的一个行动纲领和政策保障。同时,根据《实施意见》应成立的"杭州市公共图书馆发展委员会"的相关请示正在审批中,有望在不久后正式成立,开启全市公共图书馆建设的新局面。

5　结语

桐庐县总分馆建设经过两年的试点和运行,在中心馆的大力支持和整体政策环境的鼓励下,以本地区为建设单元,通过政府主导、协议共建、集中管理的方式,取得了较为显著的成果,也代表了县乡总分馆建设新的探索。但在实践中仍存在一些困难与问题。主要有:各乡镇图书馆建设水平不一,服务能力参差不齐,整个服务体系发展不平衡;乡镇分馆每年一次的考核评价制度尚未完全按照标准实施;分馆专业基础较差,服务质量与水平的提升需要较长时间的培育;总馆的人员配置渐不能满足不断增长的文献统采统编、业务辅导、财产浮动管理等方面的工作量;村级图书服务点虽已建立,但纳入乡镇一级图书馆管理的工作还没有真正的进行;图书馆工作尚未进入政府考核,乡镇分馆的可持续发展存在隐忧。这条路何其漫漫,尚需杭州图书馆、桐庐县各级政府和图书馆的努力实践,大胆创新。

参考文献

1　程建宇,顾慧. 桐庐县总分馆制的实践与探索[J]. 图书馆学研究与工作,2010(1)

2　陆晓曦,刘璇. 中国公共图书馆总分馆体系研究述评[J]. 图书馆建设,2012(3)

3　邱冠华,于良芝,许晓霞. 覆盖全社会的公共图书馆服务体系:模式、技术支撑与方案[M]. 北京:北京图书馆出版社,2008

4　叶爱芳. 桐庐县图书馆建立总分馆制的实践与思考[J]. 图书馆学研究,2011(2)

5　张广钦,张丽. 关于面向公众的基层图书馆服务网络建设[J]. 中国图书馆学报,2008(2)

图书馆呼叫服务中心系统的建设与应用

——以深圳图书馆呼叫服务中心系统为例

李星光

The Construction and Application of Library Call Service Center System

——Taking Shenzhen Library Call Center as an Example

Li Xingguang

摘要：文章介绍了呼叫服务中心的概念、系统构成，结合图书馆实际需求概述了图书馆呼叫服务中心的功能、建设意义、建设模式、建设阶段，对呼叫服务中心的拓展应用模式进行阐述，最后以深圳图书馆呼叫服务中心系统为例，描述了该系统的接入设计、拓扑结构、功能规划及运行现状。

关键词：图书馆，呼叫中心，服务中心

Abstract: This paper introduces the concept, system of call center and summarizes the function, meaning, mode and section of construction. It also describes the mode of expanding application and takes Shenzhen Library Call Center as an example, as well as describing the connection design, topology frame, function planning and operation situation.

Keywords: library, call center, service center

图书馆呼叫服务中心，是指综合利用先进的通信及计算机技术，对读者的信息需求及图书馆的资源、流程进行优化处理和管理，集中实现沟通、服务，最终达到读者服务需求的满足及图书馆资源的合理利用。传统意义上的呼叫服务中心是指以电话接入为主的呼叫响应中心，而现阶段的呼叫服务中心已扩展为可以通过网络、电话、传真、电子邮件、实时交互软件等多种形式进行的综合访问，同时提供主动的电话外拨、短信通知等服务，应用业务种类丰富的读者综合服务中心。

呼叫服务中心为读者提供简单、快捷、便利的咨询解答、信息获取等服务，改善了图书馆的服务质量和核心竞争力。

李星光，深圳图书馆读者服务部，馆员。E-mail：lxg@szlib.gov.cn

1　系统构成

呼叫服务中心由多套不同功能、不同平台的组件构成。结合图书馆业务的实际情况，图书馆呼叫服务中心系统主要包括以下几个部分（图1）[1-3]：

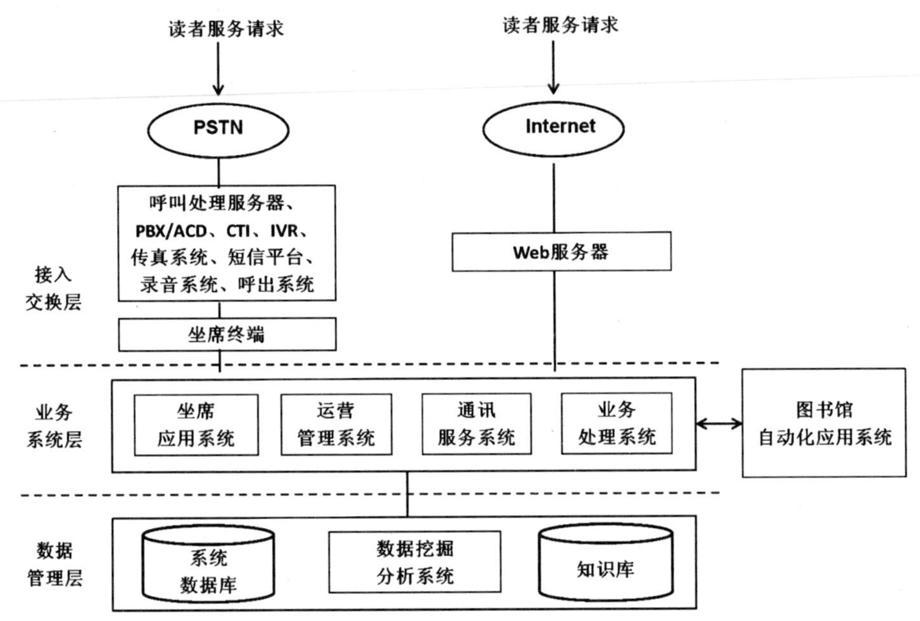

图 1　呼叫服务中心系统构成图

1.1　接入交换层

此部分以读者的呼叫接入和呼出处理为基础，将 WEB 技术、IP 电话、网页浏览、电子邮件和传真等技术和服务集成在一起，对各种电话交换资源、语音资源、坐席资源等进行统一调配和管理，进行呼叫的排队、交换和呼出。主要包括：PBX/ACD（自动呼叫分配）、IVR（交互语音应答）、CTI（计算机电话连接子系统）、传真系统、短信平台、坐席终端、录音系统、呼出系统等子模块。

1.2　业务系统层

此部分以业务处理和资源调度为基础，对呼叫及响应的数据进行实时存储、统计、输出，向使用者提供业务基本应用，并与图书馆后台应用系统进行通信。主要包括：坐席应用系统、业务逻辑处理系统、运营管理系统、通讯服务系统(电子邮件、文本交谈、即时通讯工具等)等子模块。

1.3 数据管理层

此部分用来保存读者信息资料、读者服务的历史记录等数据以及呼叫服务中心的各种资源信息,便于坐席人员在解答读者咨询时可以实时查询,同时利用数据挖掘技术对数据进行汇总、统计、分析。主要包括:信息存储系统、知识库系统、数据统计分析系统等子模块。

2 系统功能

图书馆通过呼叫服务中心系统可以实现的功能主要包括:

(1)通过语音方式,向读者播报图书馆服务功能及公共信息,如图书馆的最新通知公告、开闭馆时间、服务规则、图书馆及分管的地理位置等基本信息内容。

(2)读者自助服务功能,包括读者证登陆后的密码修改、借书信息查询、预约/预借图书的状态信息、续借图书、挂失/解挂读者证等。

(3)人工咨询响应服务,对读者提出的咨询问题、申诉问题及建议等进行实时解答,对事务性的问题进行处理和跟踪解决。

(4)专题信息咨询受理,对读者提交的专题服务类、参考咨询类问题进行记录,并分配专业图书馆员进行解决。

(5)图书馆服务评价及反馈。通过设计呼叫服务的评分反馈系统,引导读者对图书馆服务水平、服务功能的满意度进行评价,同时也可在日常的呼叫业务中收集读者对信息资源的中短期需求,将这些需求进行分类整理,并反馈给图书馆各业务部室[4]。

(6)图书馆电话行销。根据读者的呼叫需求,整合图书馆已有相关信息和资源,由系统或咨询坐席筛选、打包、传递,充分体现个性化服务的功能,如:向读者推荐其喜爱的专题图书及电子资源、公益文化讲座信息通知、读者活动的及时提醒等[5]。

3 系统建设意义

图书馆呼叫服务中心的建设和实施,可以从以下几个层面提升图书馆的服务水平和管理能力。

3.1 建立统一的读者服务平台，方便读者利用图书馆的各项在线服务

通过呼叫服务中心，建立一个统一面向读者的多媒体服务平台，用统一的服务号码或网络界面接入，为广大读者提供专业的咨询、查询和求助等服务。同时可以平台为依托，建立一个有效实现部门间协作和标准的处理流程。

3.2 提高读者服务感受，提升图书馆的公共文化服务形象

通过呼叫服务中心建立了图书馆与读者之间的畅通沟通、交流渠道；实现呼入电话排队功能和各种排队策略，减少读者等待造成的焦急；坐席还可以提供主动的服务，将事件的办理情况及时的以短信的形式通知给读者；以读者为中心，围绕着读者的实际需求进行处理，打破长期以来图书馆在信息服务中的被动局面，使读者和用户可以打破地域、时间的限制与各个图书馆、信息服务中心及各种分散的数据连接起来以满足读者和用户对信息的快捷性、灵活性、时效性、直观性、密集性等方面的不同需求[6]。

3.3 提高服务效率

图书馆呼叫服务中心的建立将通过人工受理、自动语音服务或留言，等方式全天24小时不间断地提供最及时、最高效的服务；采用人工和自动相结合的服务模式，对常见的问题如图书馆服务功能介绍、展览活动通知、服务规则等可采用自动应答的方式，让读者收听事先录制好的语音介绍，并且还能实现自动服务和人工服务间的任意转换。

3.4 提高图书馆读者事务处理的信息化管理水平

呼叫服务中心是一个信息处理的平台，不仅能进行语音的处理，还可以实现与读者资料数据库、图书资料系统、站点信息资料等对接，当读者呼入电话后，可自动显示读者信息以及具体站点的信息等。同时系统支持知识库和事件的流程化处理，针对投诉等形成一个完整的信息从登记到反馈结果的处理流程。整理出常见的故障类型和快速的处理方法，形成一个完整的资料库，全面实现信息化服务。

3.5 优化图书馆人力资源配置

呼叫服务中心也是一个信息集中和共享中心，坐席人员根据具体情况可直接进行解答，或将咨询电话转接到直接负责的相关部门，快速有效的处理咨询的电话，并对每次服务进行详细的记录，同时通过平台可实现内

部的交流和信息的传递。

3.6 区域性图书馆呼叫服务中心的统一与联合,可以提升区域性图书馆的整体核心服务水平

实行统一呼叫服务中心后,读者便可以随时与呼叫服务中心联系,通过自动语音应答系统与坐席人员电话交流,也可通过网页动态交互,及时、准确、有效地获取所需要的信息;区域图书馆网内各成员馆便可以通过呼叫服务中心为读者提供更优质的服务,大大地提高工作效率[7]。

4 系统建设模式

结合图书馆的实际服务规模和地区性图书馆联合协作要求,可相应的从多种组网模式中选择适合的系统建设、运营方式。图书馆呼叫服务中心的基本组网模式主要有:

(1)集中管理/单中心呼叫模式。一个呼叫系统只设一个呼叫中心,对系统的管理比较集中,适用于人员较为集中区域。

(2)分散管理/多中心呼叫模式。设置多个呼叫中心,各自分散管理,适用于人口稀少的分散区域。

(3)集中管理/多中心呼叫模式。设置多个呼叫中心,实行集中管理,适用于总分馆模式下的图书馆读者咨询服务。

5 系统建设阶段

图书馆呼叫服务中心的建设和实施不一定要具备上述全部的硬件、软件设备,也可以分阶段的,依据不同阶段的实际功能和业务需求进行逐步完善[8]。

5.1 基础应用阶段

在系统建设初期,配置基本的排队分配、自动语音导航和人工坐席为主,提供咨询、查询、投诉等服务,利用呼叫管理系统进行基本的服务支持和受理,不需要与计算机系统交互。

5.2 优化调整阶段

当呼叫服务中心的服务内容、服务需求、服务量增加时,对系统的服务能力和管理水平有了较高的要求,此时需要依据前期的服务统计数据,合理配备人力资源和排班时间,建立高效的知识库以方便坐席人员快速进行

服务检索和应答。同时,可按照读者需求类别的不同,将单点的呼叫服务中心系统扩展成为多点呼叫服务中心系统,在各个图书馆的业务部门或者区域性范围内其他图书馆内设立分支。在优化阶段,还可以考虑增加读者语音系统信箱,将系统服务扩展到7×24小时。

5.3 战略规划阶段

随着系统服务业务和规模的增加,运营经验和读者信息得到不断积累,此时可对呼叫服务中心各项业务流程进行整合和调整,建立智能化的统一服务体系,各项面对读者的实际业务服务资源得到集中调配。呼叫服务中心系统也可与图书馆自动化应用系统进行集成,读者通过呼叫服务中心提出的服务建议、服务需求、服务申诉等会传递到后台应用系统,交由各业务部门进行处理,而应用系统的处理结果也会反馈到呼叫服务中心,为图书馆建立"以读者为中心"服务理念打下坚实基础。

呼叫服务中心系统是一个业务应用和服务系统,其建设和实施应以图书馆的发展和需求的实际情况相结合,以避免盲目建设造成资源浪费或规划不足导致功能达不到要求。

6 拓展应用模式

随着呼叫中心系统在图书馆应用的不断深入,及新的科技应用技术和应用模式的发展,图书馆呼叫服务中心的应用将会在新技术的融合、综合性、外包性、多媒介等层面有所拓展,表现在:

6.1 基于语音识别的综合电话服务系统

通过以VoiceXML为基础的语音应用服务,读者可通过自然语音或按键来查询信息、办理图书馆的基本业务,系统可以采用文语转换技术直接将系统的应答从文本转换成语音,更具有动态性和交互性,该类服务系统建设成本低,为读者服务提供了创新的服务渠道,扩展了图书馆的应用范围和服务能力[9]。

6.2 类似美国211电话咨询服务的公共信息服务综合参考咨询中心

这类综合咨询中心需要区域级以上规模,图书馆需要配备专业的参考咨询人员,由读者利用电话向图书馆提出咨询要求,由经过专业训练的图书馆员利用电话作即时或回电答复。美国211电话号码是美国民众免费咨询有关全民健康和人文信息服务的电话热线号码,是美国公共图书馆界参考服务工作的一种形式，主要是通过电话线为读者答疑解惑，由当地的信息服务中心或图书馆提供运营支持。同时，211 工程也积极为各级各类的图书馆培养更为专业和更为专门的图书情报咨询类优秀人才[10]。

6.3　基础业务的外包式呼叫服务中心

针对一些简单的、重复性、基本咨询类的呼叫，可由外包公司予以承担和实施，图书馆可以更专注的从事后台读者需求分析和主动电话行销，外包公司拥有相对专业的运维团队和解决方案，在读者服务技巧、运营管理优化、人力资源合理配置等层面有较大优势。

6.4　多种综合媒体的信息资源服务中心

目前，我国正在试点推进电信网、广播电视网和互联网的融合发展。在实现三网互联互通、资源共享的形势下，作为重要公共信息资源提供方的图书馆，可以呼叫服务中心为基础，为读者带来更加丰富与便捷的信息应用服务，提供网络信息、电视节目、语音节目等多种服务资源，由单一业务转向文字、语音、数据、图像、视频等多媒体综合业务，读者可以通过单一终端或接入方式利用该信息服务[11]。东莞图书馆于 2011 年 1 月开通服务的电话语音系统，就提供收听语音故事节目等特色功能[12]。

7　深圳图书馆呼叫服务中心系统的建设与应用

深圳图书馆从自身业务出发，为充分保证系统的稳定性和未来发展的扩容和升级能力，根据图书馆的业务服务规模和市场价格，选用了最新的 IP 内核一体化呼叫服务中心系统方案，将 PBX、CTI 服务器、呼叫中心、CRM 客户管理、VOIP、ACD、IVR、FAX、Recording 等充分融于一体，无须外挂任何其他设备、就能实现大容量的电话呼入/呼出处理、电话转接等传统 PBX 的所有功能，同时还提供传统 PBX 所不具备的语音信箱、客户关系管理、VOIP 等高端系统功能。

7.1　系统接入

系统针对电话接入采用的是电话语音系统，号码采用中继线的方式接入，实现多个用户可以同时拨打一个电话号码，根据信息平台服务的内容、对象以及对象数量及来分析，初期预计采用 8 线接入，8 个坐席。而针对网络电子邮箱、网上读者咨询等，利用图书馆已有的网络实时参考咨询系统，由专门的参考咨询员在线予以跟踪处理和解决。

7.2 拓扑结构

深圳图书馆呼叫服务中心系统由一体化系统服务器、软件平台、坐席终端设备三部分组成,具体拓扑图,如下图2所示。

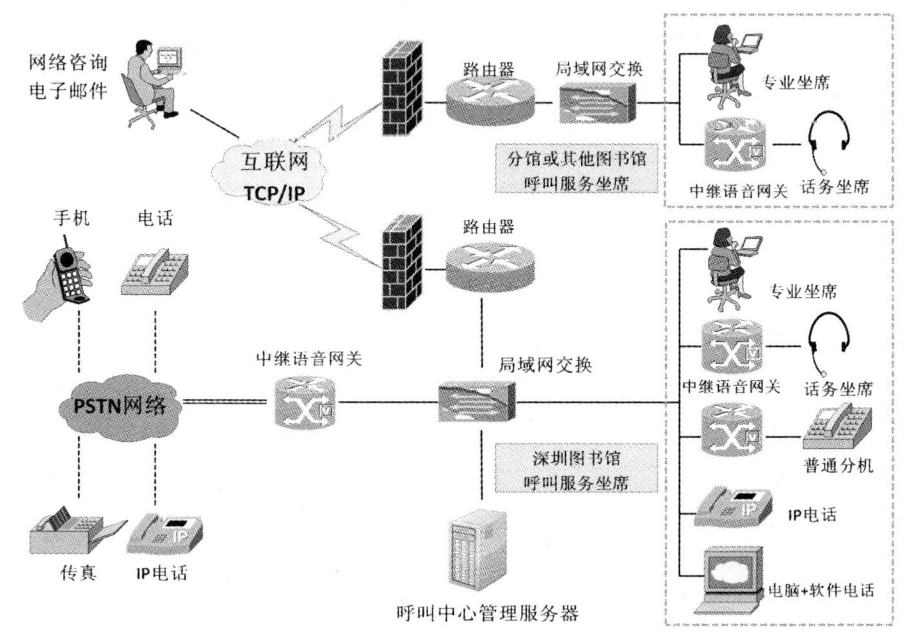

图2 深圳图书馆呼叫服务中心系统拓扑结构图

7.3 系统功能规划

7.3.1 自动语音导航

根据语音导航系统的设置原则,简单、快捷的为读者提供引导服务,因此首次播放欢迎词后直接进入人工咨询、自动服务和查询服务的选择。

读者选择自动语音服务后,由读者选择需要咨询的大项,然后按键选择收听其中的具体服务内容。播放的语音可以采用电话、电脑等多种录制方式,管理方便。选择人工服务后,首先接入总服务中心,对于一般问题直接进行解答,可直接进行内部转接。主要包括人工帮助和投诉的受理,生成任务单,并进行下一步的处理和跟踪。

语音服务导航流程,如下图3所示。

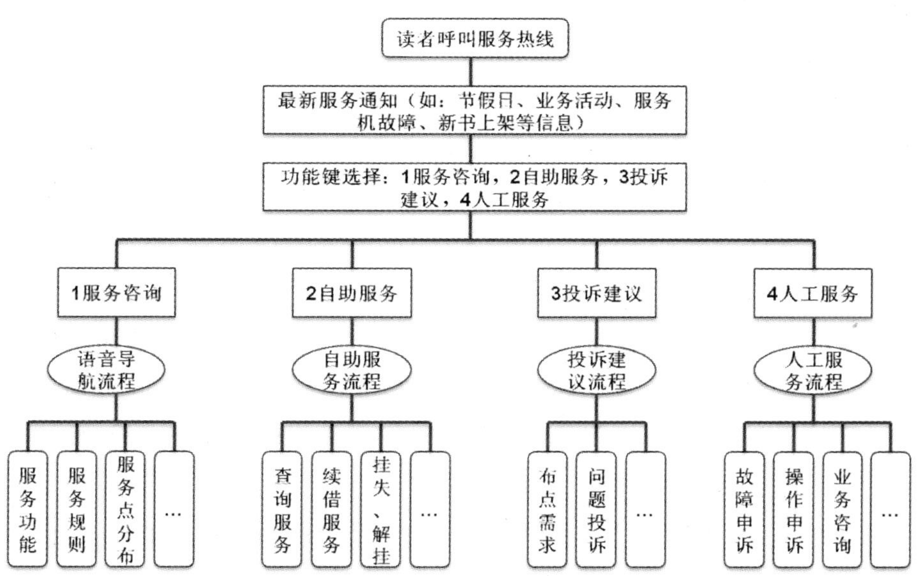

图3 深圳图书馆呼叫服务中心系统语音导航系统菜单示意图

7.3.2 呼叫业务处理

针对呼叫坐席业务处理的基本功能包括：

(1)方便灵活的呼入路由功能。系统可以根据主叫/被叫、作息时间、节假日、遇忙、无应答等多种条件设置不同的电话呼入流程。

(2)录音功能。系统实现对所有来电、去电实时录音，可灵活的对所有注册到系统的分机，设置针对呼入电话和呼出电话总是录音、从不录音或有需要时录音三种状态，并提供电话录音文件的备份、下载、回放等。

(3)语音信箱功能。系统提供了强大的语音信箱功能，读者在晚上或节假日呼入电话时，可直接转入留言系统，对于要咨询或要求助的不但可以使用分机电话终端来方便的收听语音留言，还可以选择将语音留言发送到指定的电子邮箱。可以直接通过邮件，收到语音留言的声音文件，并可以在电脑上直接播放。

(4)通话质检功能。坐席员客服完毕挂断电话后，系统会主动邀请读者对坐席员的服务满意度进行打分评价，并且可以自动生成评分报表，有利于对坐席人员的客服水平进行监督和评估。

(5)通话记录和统计分析功能。系统提供详细的CDR呼叫数据记录，为受理平台的呼叫管理和统计提供依据，包括通话记录的话务统计、业务咨询统计,系统总体的话务负载分析,以及相关的核心统计报表。

7.3.3 服务业务管理

实现受理平台的读者资料管理(CRM)系统提供新建、编辑、删除读者资料的功能,提供对读者资料进行查询、筛选、排序功能,允许授权用户(系统管理员)进行读者资料的批量导入、导出。使原有的读者信息,可以方便的导入到受理平台上使用。

7.3.4 业务流程跟踪管理

根据登记工单类型定制,将业务流程分为咨询类、投诉类、申诉处理类等不同业务类型工单。具体的业务流程包括:

(1)工单流转。系统分为前台和后台处理,前台负责咨询解答和工单的登记,前台人员登记生成工单后,可根据具体类型分配给不同的部门和人员处理。任务分派后受理坐席登陆后可立即看到待处理的任务,点击即可办理,同时任务状态变为已受理。

(2)工单处理。受理坐席对工单的处理,任何坐席可查看任务处理进展,以便读者再次打进电话时,可立刻知道之前问题的处理情况。

(3)短信通知功能。对于紧急的事情任务分派的时候可以选择发送短信通知任务人员,以便尽早对任务进行处理。

(4)工单回访。系统对于任务可形成闭环的处理流程,处理完的单子自动进入回访流程,并有回访单,针对不同的业务类型,提供不同的回访单。从而掌握读者对事件处理的满意度,掌握第一手资料。

7.3.5 咨询知识库管理

针对各种复杂的咨询,坐席人员除需具备较为丰富的知识和经验外,还应在平台上共建共享相关资料。相关工作人员要有意识地将各种常见问题录入到知识库中,以便快速、准确地答复读者。知识库可根据需要,多维度、多层次建设,并能够方便地编辑、管理。

对于各种复杂的问题,坐席人员除了要有丰富的经验和知识外,还要有方便查询的相关资料。因此要将各种知识及常见问题录入到知识库中,以便快速的解决各种问题。

7.3.6 读者自助服务系统管理

为适应深圳图书馆读者服务业务发展的需要,现有的自助图书馆语音服务系统须依据图书馆自助服务系统的业务流程,通过调用图书馆业务系统接口（WebService接口，见下图4），完成语音系统与图书馆自助服务系统的通讯及回馈处理；除完成现有电话服务系统整合外，语音系统还需考虑系统的可扩展性，即新增加电话服务系统功能时，只需完成简单配置即可，而不需要语音系统重新开发系统对接接口。

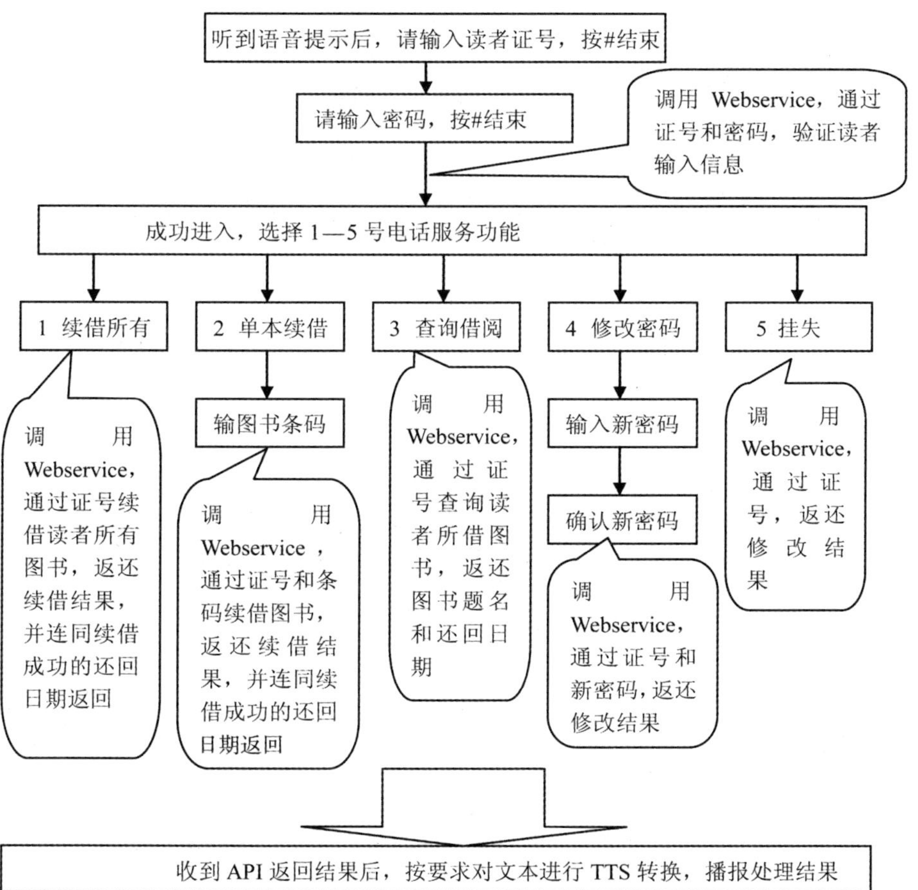

图4　深圳图书馆呼叫服务中心系统读者自助服务模块系统接口示意图

7.4　运行现状

深圳图书馆的呼叫服务中心系统内有3条接入线路在工作：其中1条线路（0755－82841217）用于自助图书馆对外服务咨询、故障受理、读者申诉，另2条线路（0755－82841211、0755－82841212）用于深圳图书馆读者服务、咨询、图书馆之城业务咨询。

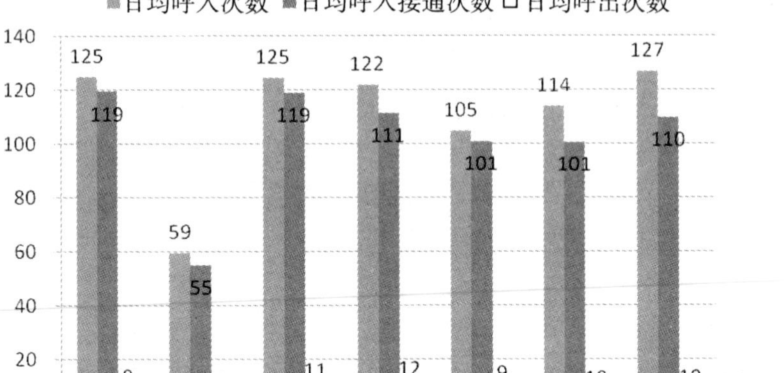

图5　深圳图书馆呼叫服务系统日均呼入、呼出次数图(按星期对比)

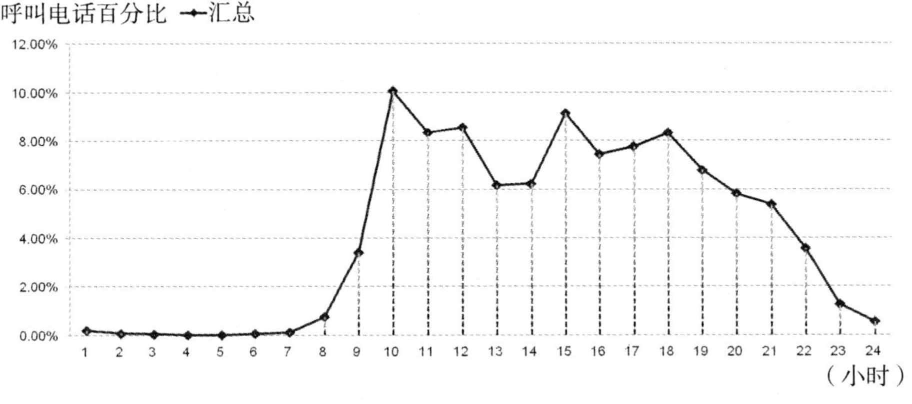

图6　深圳图书馆呼叫服务系统呼叫时间段百分比图

自2012年3月份正式投入运行服务以来,目前日均呼入次数为127次,呼入接通次数为118次,呼入接通率为92.81%,呼入接通平均时长为2分钟;日均呼出次数为11个,主要用于对语音留言处理、读者非实时事务的跟踪等。截止到2012年9月,读者累计自助服务操作6169次(不含深圳图书馆已有的其他自助服务热线82841200、82841201、82841202)。

从统计数据来看,周一因为图书馆闭馆的原因咨询业务量较少,周六、周日呼叫系统话务量稍微偏高;呼入接通的时间段集中在上午9:00—12:00,下午15:00—19:00。

参考文献

1 徐海燕,郭晨东. 呼叫中心管理手册[M]. 北京:经济管理出版社,2010

2,7 董亚婵. 中国农业银行呼叫中心建设方案研究[D]. 北京:北京邮电大学,2011

3,4 宗华,刘洋. 铁路呼叫中心的设计与运营管理研究[J]. 铁路计算机应用,2010(11)

5 顾刚,庄三钧,陈斌. 在图书馆建立呼叫中心初探[J]. 大学图书馆学报 . 2001(6)

6 王大伟. 电话语音服务技术及其在图书馆的应用[J]. 图书馆学刊 . 2010(8)

8 彭英. 浅论呼叫中心与区域图书馆网优质服务[J]. 科技情报开发与经济,2003(1)

9 王京雷,刘文云. 基于 VoiceXML 的图书馆语音服务研究[J]. 现代图书情报技术,2008(9)

10 孟蔚彦. 美国公共图书馆的电话咨询服务[J]. 图书馆杂志,2005(1)

11 孙鹏,刘剑池. 三网融合格局下图书馆之未雨绸缪[J]. 现代情报,2011(8)

12 语音图书馆[EB/OL]. [2012 - 10 - 15]. http://www.dglib.cn/Service_Detail - Id - 2408.html

浅谈中心图书馆信息化建设

——以杭州图书馆为例

马可江　章雪斌　叶远兵　蒋琦琦

Discussion on Central Library's Informatization Construction

——A Case Study of Hangzhou Public Library

Ma Kejiang　Zhang Xuebin　Ye Yuanbing　Jiang Qiqi

摘要：本文以杭州图书馆信息化项目为例，论述了区域中心图书馆在网络系统、图书馆业务自动化系统、射频(RFID)系统的建设框架及应用细节。

关键词：区域中心图书馆，信息化建设，自动化，网络，RFID

Abstract: This paper takes the informationization project of Hangzhou Public Library as an example, discusses the construction frame and application in detail of the regional central library in the aspects of network system, automatic system and Radio Frequency Identification(RFID) system.

Keywords: regional central library, construction of information management system, automation, network, Radio Frequency Identification

当前我国较多地区的市级公共图书馆都在开展与完善本地区内各级公共图书馆的资源共建共享工作，在该项工作中市级公共图书馆通常处于区域中心图书馆的角色。作为区域中心图书馆首先应在信息化建设工作上做好区域网络系统规划建设及软件应用系统集群化建设管理，为区域图书馆群体搭建可靠、高效的信息资源共建共享平台，实现地区资源的统一管理和共享。杭州图书馆从 2003 年开始以杭州地区"一证通"工作为平台，积极探索图书馆资源共建共享道路。在 2008 年杭州图书馆新馆信息化建设项目中，根据新馆的业务建设目标及之前区域图书馆共建共享工作中在网络系统和应用系统方面遇到的问题，对项目进行了规划、建设并运维至今，目前杭州图书馆为地区内 15 所公共图书馆、4 所专业图书馆、1 所高校图书馆、1213 个社区(乡镇村)服务点提供统一的软件应用系统，主要包括图书馆业务自动化系统及射频(RFID)系统服务端，可根据实际情况选择互联网访问或 VPN 专线访问。

马可江，杭州图书馆技术支持部，馆员。E-mail：7700632@qq. com

章雪斌，杭州图书馆技术支持部，馆员。E-mail：86088387@qq. com

叶远兵，杭州图书馆技术支持部，馆员。E-mail：yeyuanbing@163. com

蒋琦琦，杭州图书馆技术支持部，馆员。E-mail：22246029@qq. com

作为区域中心图书馆,杭州图书馆在项目建设初期对项目需求进行了整理。其中网络系统方面,杭州图书馆作为杭州地区公共图书馆的网络中心,成为分支点数据互访的逻辑策略中心、网络资源管理中心,根据应用系统、数据文件存储采用集中式的部署形式,网络系统建设应充分考虑流量负载、访问形式多样化、链路冗余性及安全性需求。图书馆业务自动化系统方面,杭州图书馆作为杭州地区公共图书馆的业务中心,需支撑20所成员馆、1200余个社区服务点的流通业务及书目馆藏数据加工业务,选择自动化系统产品时在满足业务功能需求的前提下,应着重考虑系统在高并发访问下的工作性能、系统的易维护性、系统安全性、对各类标准和协议的支持及公司售后软件服务能力。射频(RFID)系统方面,基于杭州地区图书已采用条码加磁条的模式进行通借通还业务,且地区内图书馆和社区服务点不可能同时建设射频系统的情况,则要求系统能够兼容两种应用模式,使得不同应用模式的图书能够方便地通借通还,同时系统需提供中间服务程序负责与图书馆业务自动化系统进行通讯,统一对前端射频(RFID)设备进行请求接收、消息返回,当分馆或服务点实施射频(RFID)项目时,系统能够通过参数设置的方式实现其快速接入,不再进行额外的集成工作。

根据项目需求,杭州图书馆对以上系统进行了分项设计实施。

1 杭州图书馆网络信息系统建设

1.1 总体架构设计

中心馆采用双核心交换机冗余方式进行局域网的互联,在与分馆互联上采用了VPN主备链路的方式,并通过网通及电信两家运营商对馆外读者进行访问接入。使用2台CISCO 7609核心交换机,4台CISCO 6509交换机分别作为楼层汇聚和服务接入汇聚。广域网出口设计采用双ISP线路方式,保证了不同ISP的接入用户能便捷地进行业务的开展。连接各个分馆和下级单位采用租用运营商的VPN线路方式,同时通过自建的VPN线路作为运营商VPN专线的备份和补充。

1.2 广域网网络架构

保持杭州图书馆原有已建成通过运营商的VPN线路,将总馆与市(县)馆相连形成了一个的虚拟专用网络。杭州图书馆的广域网出口将承担杭州图书馆总馆访问Internet业务和总馆、市(县)分馆之间的互联备份链路业务以及移动用户接入三种业务。为了满足外部对内部资源的访问，广域网出口设计采用双ISP线路方式，保证了不同ISP的接入用户能便捷地进行业务的开展。杭州图书馆是整个杭州地区图书馆以及文化信息共享的一个中枢，承担着在各个县（区）、乡镇村、社区的推广馆藏资源及知识的重担，因此与分馆/办事机构的VPN互联也是建设的一个重点，在租用运营商的VPN线路连接各个分馆和下级单位的同时通过自建的VPN线路作为运营商VPN专线的备份和补充。移动读者/工作人员的远程接入图书馆访问主要通过自建VPN线路，自建VPN同时支持简易的针对一般用户的Web登录的SSL VPN连接和针对馆内工作人员安全可靠的IPSEC + L2TP等方式的连接。为解决不同ISP之间的互联互通问题，Internet业务和自建VPN业务设置两套链路负载均衡设备。

杭州图书馆网络的广域网出口为整个IT系统与外界沟通的主要窗口，主要设备（SSL VPN网关、IPsec VPN、链路负载均衡等）均选用高性能设备，并采用双机热备方式部署。其中2台链路负载均衡设备部署在最外网直接连接运营商线路，实现内外网间的NAT功能；2台出口防火墙（同时为IPsec VPN网关）采用透明模式，对进出网流量进行安全控制。

1.3 局域网建设

全馆有数据点2880余个，光纤点位260个，无线点位200个。其中还要满足整个图书馆大楼的无线覆盖，以满足不同用户的业务需求。根据网络分层设计的理念，全网将分成核心路由层、汇聚交换层、接入层，共三层，无线网络作为有线网络接入层的延伸。整个局域网采用一张大网，通过先进的MPLS VPN技术对功能分区进行逻辑隔离，为各业务系统提供安全的、具备可扩展性的VPN专网服务。各汇聚点要能实现多个VLAN、网段的划分，为各相对独立部门提供内部划分VLAN和不同的硬件ACL访问控制的需求。

1.3.1 核心路由层

该层主要提供快速的路由转发，灵活的访问策略控制，高速的服务为接入，其目的在于有效提高全网业务系统的响应，消除网络转发瓶颈。该层建设是整个业务系统健壮性和稳定性的基础，其直接影响到网络建设的前瞻性和可扩展性。杭州图书馆配置2台CISCO Catalyst7609 - E万兆多业务路由式交换机，承担核心层的功能。两台交换机之间通过2个万兆接口组成 Port - Channel 互联，这样两台交换机之间可获得 40GB 的带宽，对所有的汇聚交换机而言，两台核心交换机实质上就是一台性能高达 TB 级以上的高性能交换机。

Catalyst6509 - E 可实现强大的基于独立硬件的 MPLS VPN 能力，可根据杭州数字图书馆的发展要求，提供强大的基于硬件的 IPV4 、IPV6、ACL 以及 CPU 限速的能力；同时，借助 MPLS VPN 技术，结合虚拟防火墙的访问控制机制，可以实现不同 VPN 专网的安全隔离。

每台 Catalyst7609 - E 核心交换机配置双引擎板，冗余电源；配置一块 16 口万兆模块，配置万兆多模模块 12 个，其中核心交换机间 2 个万兆互联，与汇聚交换机、服务器汇聚交换机 2 × 10G 链路连接 8 个，一共 10 个，预留 2 个，从而实现 10GB 的骨干带宽；每台核心交换机配一块 48 口千兆光模块，配置 24 块多模模块；每台核心交换机配置一块 48 口千兆电口模块。

1.3.2　汇聚交换层

杭州图书馆配置 4 台 CISCO Catalyst6509 - E 万兆多业务路由式交换机，承担汇聚交换机的功能。汇聚交换层主要实现馆内各建筑区块信息点的汇聚，实现访问控制，并负责把本区块的信息量送达核心层，同时也作为 MPLS VPN 的 PE 将不同交换机上来的 VLAN 划分到不同的 MPLS/VPN，并且做标签的分发和弹出。合理的汇聚层交换机的部署设计，将优化综合布线，分散整体网络风险，提高网络控制力度。还在每台汇聚交换机上配置一块防火墙模块，将其划分多个虚拟防火墙对应的各个 VPN 进行保护，使得每个业务分区都有各自的虚拟防火墙进行安全控制，通过 MPLS/VPN 与相应的逻辑网进行连接。

1.3.3　接入交换机

接入层直接负责所有用户终端、无线 AP 等终端设备的接入，为各种终端设备提供物理端口，为各业务 VPN 提供初始的 VLAN 隔离。

根据数据点 2880 个信息点的需要，接入交换机数量 50 台选用 CISCO 的 Catalyst 3560G 48TS - E，配有 48 口 10/100/1000M 以太网电口和 4 个 SFP 的千兆多模光纤上联口。分布于新馆各区，各区块接入交换机根据实际的楼层配线间的安装。每台接入交换机通过 2 * GE 光纤链路分别上联至每台汇聚交换机，保证上联链路具有冗余性、高可用性。

1.4 网络安全

安全管理平台包括安全组织与策略、漏洞扫描、入侵检测、访问管理、防火墙、病毒防护、物理安全七个部分,涉及管理要素和技术要素,覆盖杭州图书馆信息平台的物理层、网络层、系统层、应用层四个层次以及桌面终端,确保杭州图书馆信息平台的稳定、高效、安全运转。建立完整的防病毒体系,从网关、应用服务器、Web 服务器、客户端等各个病毒入口部署病毒拦截,部署防病毒和入侵抵御(检测)等。通过 IPS、防火墙、防病毒网关、VPN 网关等专业的硬件安全设备以及实施集中式的防病毒管理保证整体网络、服务器等业务的连续性。互联网及自建 VPN 访问都必须经过安全管理平台的检测,对成员馆通过运营商 VPN 线路的访问增加额外安全策略控制,严防来自成员馆局域网出现的病毒入侵及恶意攻击。

2 杭州图书馆业务自动化系统建设

2.1 系统选型

根据项目需求,杭州图书馆在自动化系统选型上具有以下要求:采用 B/S 架构,具备较高的可维护性;支持 Unicode,解决编目多语种问题;支持图书馆集群建设,满足通借通还等业务需求;支持联合编目;支持 TCP/IP、HTTP、SOAP、Z39.50、Z39.88(OpenURL)、Dublin Core 等标准和协议;支持类 unix 操作系统,具有强大的健壮性;应用层和数据层可以分离;系统具备可伸缩性和可扩展性;具备高并发能力。

经过广泛的调研,由广州图创计算机开发有限公司开发的 Interlib 系统在各项要求上都达到杭州图书馆的要求,最终决定将其作为杭州图书馆自动化管理系统。

Interlib 具有以下技术特点:JAVA 语言开发,符合 J2EE 标准体系,与 Internet 紧密结合,实现操作系统平台无关性;支持 TCP/IP、HTTP、SOAP、Z39.50、Z39.88(OpenURL)、Dublin Core 等标准和协议;B/S 模式三层结构,满足应用的安全和可伸缩发展需求;Browser 端完全采用 XML、XSLT 技术,采用 Web2.0 的 Ajax 技术,富界面应用(RIA),动态数据处理;采用负载均衡技术;支持 Unicode 标准,真正解决多语种、多字符集问题;系统完全支持 64 位计算能力,适应信息技术的变革。

Interlib 采用多层结构体系,如图 2 所示:

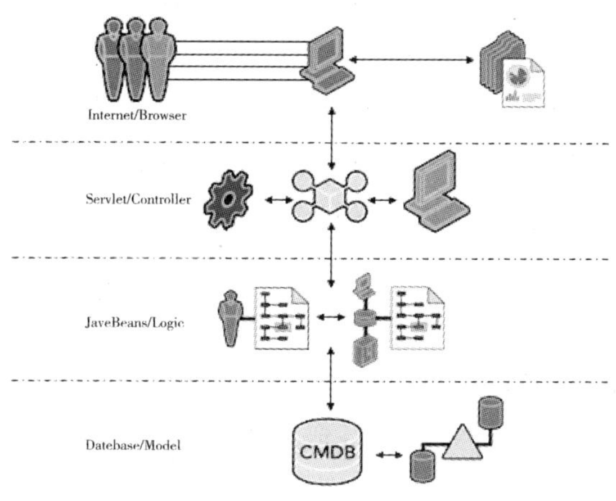

Web User Interface(Web用户界面层)
提供用户通过Browser(浏览器)访问系统接口

Controller(控制器)
接收前端用户的访问请求，并响应用户的请求，构建在中间件服务器上提供服务

JavaBeans(逻辑业务层)
对用户提交的请求进行处理，主要包含逻辑业务处理部分，如常规业务采、编、流……

Model(数据核心层)
数据库核心，与Controller(控制器)进行数据交互

图 2　Interlib 结构体系图

2.2　中心馆建设

杭州图书馆作为杭州地区中心馆,是杭州地区图书馆联盟的数据中心和技术管理中心,负责业务系统相关的服务器、网络、存储设备的管理、维护和数据备份工作,负责业务系统的维护管理工作和业务系统操作的培训工作,制定工作规程、业务标准和各类规范来保证业务的开展,对分馆代码、读者证及条形码规范、流通规则等涉及区域图书馆业务运行内容进行严格的管理,同时制定业务流通规范。

在自动化系统管理架构上,将应用程序层和数据层进行分离,前端使用了 4 台 PC 服务器作为应用服务器(Interlib + OPAC),后端采用了 2 台高性能 Unix 服务器和光纤存储设备作为数据库服务器,在数据库管理软件上选用了 Oracle 10gr2,并启用了 Data Gurad 技术。

由于杭州图书馆社区服务点和合作单位较多,如果均列为分馆,将面临管理上的极大困难,因此,我们在分馆逻辑架构上采用了一个逻辑图书馆对应一个逻辑分馆的模式,逻辑本馆下设立本馆的馆藏地点,所有的行政区域内的社区服务点均规划入其逻辑分馆,这样精简了架构,极大地提高了系统的可管理性。

2.3　成员馆建设

由于 Interlib 使用了 B/S 架构,运行 Interlib 的服务器和存储设备均存放于杭州图书馆,并且业务系统的服务器均配置 Internet 外网地址,这使得

各个成员馆无需购买服务器和存储设备,无需安装客户端软件,只需要通过网络连接至中心馆,使用浏览器访问便可以开展业务,并且在网络接入上既可以选择 VPN 接入也可以选择 Internet 外网接入,这些都极大地节省了成员馆的成本,把力量都投入进资源建设和读者服务上。成员馆除了需要负责本馆建设外,还需要负责建设和管理其行政区域里的服务点,对于某些特殊性质的成员馆只需管理其本馆,这样整个杭州地区图书馆便形成了分级管理的体系。

2.4　社区服务点建设

由于 Interlib 的系统特点,只要具有互联网接入能力的地方,就可以开展业务,这就使得杭州地区的图书服务延伸得到了技术支持,依托 Interlib 的优势,杭州图书馆和杭州地区图书馆联盟的成员馆都将服务延伸至各自周边的社区和村,社区和村只要支持 Internet 接入,便可直接进行图书流通管理、书目查询等操作,立刻实现图书的通借通还,将图书馆的服务延伸至各个角落。社区服务点主要负责服务其周边的读者,其馆藏可以由其自行采购也可以由其上级分馆调拨,自动化管理系统支持财产区分至馆藏地点,因此不会存在财产混乱的问题。

3　杭州图书馆射频(RFID)系统建设

2008 年 10 月之前,杭州地区公共图书馆均采用普通条码读者证加条码图书的方式进行图书的借还和管理。2008 年 10 月杭州图书馆新馆建成,引进了上海阿法迪智能标签系统技术有限公司的高频 RFID 智能馆藏管理系统,采用 RFID 读者证加 RFID 图书(兼容条码,用于业务系统对图书的管理)的方式进行图书的借还和管理。杭州图书馆在 RFID 项目实施过程中充分考虑到后续各区(县)馆及社区服务点逐步实施 RFID 项目的可扩展性以及在未实施 RFID 项目之前的兼容问题,主要从以下两个方面来操作:

3.1 RFID 标签数据的读写、相关设备的控制与图书馆业务管理系统(Interlib)的数据接口通过 RFID 中间件来实现(如图 3 所示)

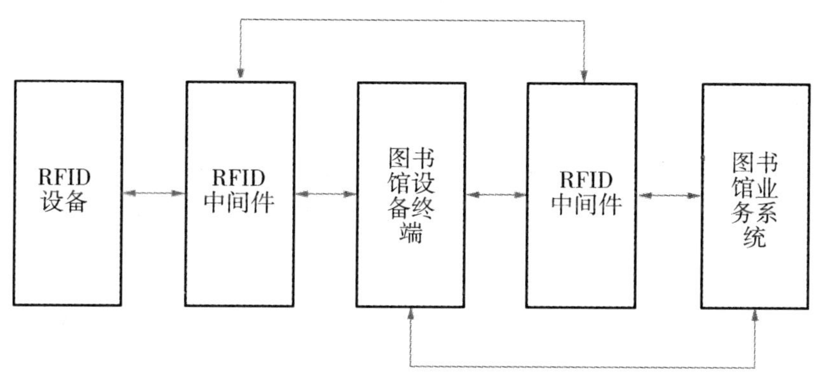

图 3 RFID 标签与图书馆业务管理系统的对接

RFID 中间件的主要功能就是实现 RFID 系统和图书馆业务管理系统之间的数据交互,这样最大限度地保证了两个系统之间的独立性、健壮性和可扩展性。这样,一旦有区(县)馆需要部署 RFID 系统,只需要通过设置业务系统的数据接口,并对 RFID 中间件和 RFID 终端程序进行参数修改就可以实现。

3.2 终端程序和 RFID 中间件兼容原有的条码读者证

在硬件层面上,我们在 RFID 馆员工作站和 RFID 自助设备上保留了条码扫描枪;在软件设计上,终端程序允许使用读卡器读 RFID 读者卡、条码扫描枪扫条码读者卡或者手动输入读者证号的方式输入卡号。当 RFID 中间件接收到读者查询的请求后,首先查询本系统的 RFID 读者证数据库,当读者证为普通条码证时,RFID 读者证数据库无该读者信息,系统就通过业务系统的数据接口在业务系统的所有读者(含所有杭州地区公共图书馆 RFID 读者证读者和普通条码读者证读者)数据库中查询读者,当查询到读者信息时,接口通过消息将读者的卡号、姓名、密码等信息反馈给 RFID 中间件,RFID 中间件将此消息转发给 RFID 终端程序,最后 RFID 终端程序对读者输入的密码与消息返回的密码进行比对和身份认证。完整的读者认证流程图,如图 4 所示。

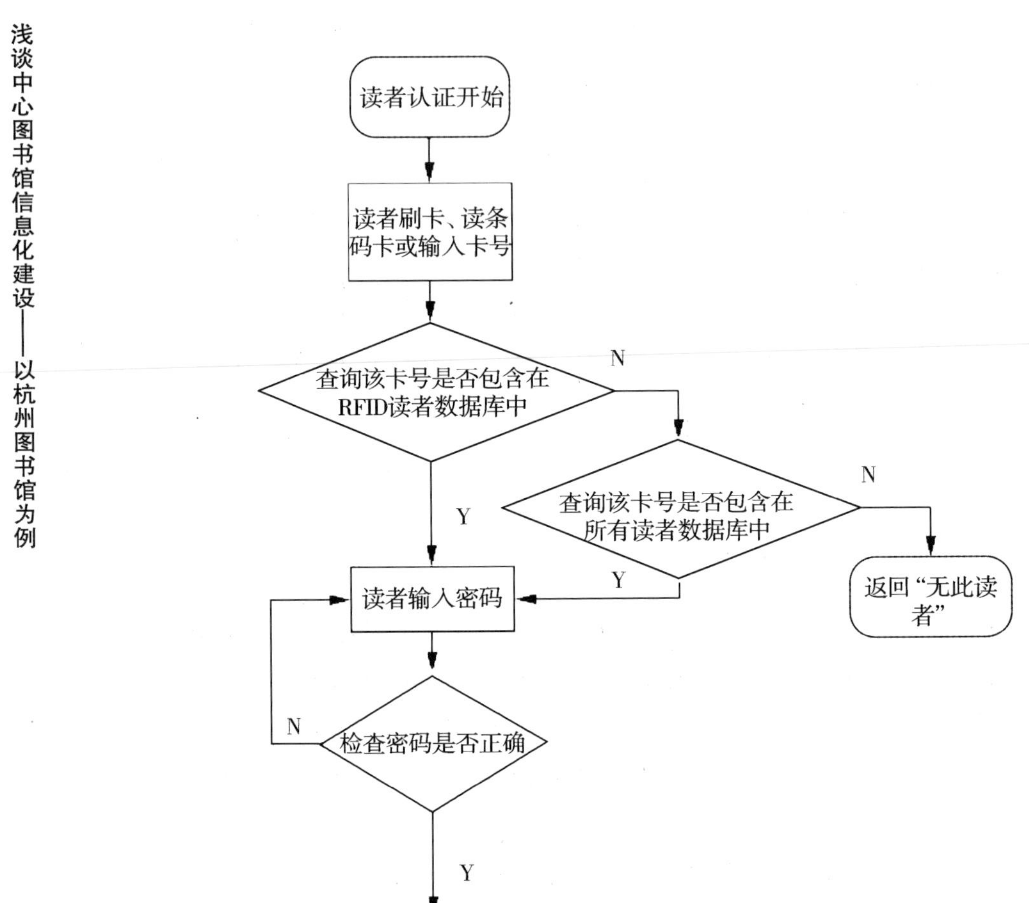

图4 读者认证流程图

杭州图书馆网络系统、业务自动化系统及射频（RFID）系统均与2008年10月上旬正式上线，目前各系统运行良好，较好地支撑了杭州图书馆作为区域中心图书馆发展成员馆、扩展服务点及地区资源的统一管理和共享等工作。当然期间也出现了较多的业务流程变更需求及业务功能增加需求，我们陆续通过系统升级、局部设备调整和增购等方式进行了满足，这一现象也将一直存在，因为区域图书馆建设工作尚处于发展阶段，任何为之建设的信息系统想一劳永逸地运行下去，都是不现实的。区域中心图书馆的信息系统会不可避免地遇到系统更新改造、功能扩展，甚至是报废重建的情况。对此，区域中心图书馆在信息系统建设时应遵守高层领导介入原则、核心用户参与建设原则及自顶向下规划原则，以延长信息系统生命周期，避免信息系统过早进入消亡阶段，确保建设资金的有效利用。

参考文献

1　广州图创计算机开发有限公司. 区域图书馆 Interlib 集群管理系统方案[G].

2　王涛. 试析图书馆集群管理系统 Interlib 的运用前景[J]. 图书情报论坛,2008(3)

3　廖智博. 利用 Interlib 搭建第三代图书馆自动化系统的分析[J]. 黑龙江科技信息,2008(2)

4　陈新鑫. 图书馆 RFID 系统中间件集成应用[J]. 图书馆学刊,2009(10)

基于总分馆体系下 公共图书馆文献传递物流管理的探讨

周宇麟 姚丹茵

On the Logistics Management of Public Library Documents Delivery Based on the Main - Branch Library System

Zhou Yulin Yao Danyin

摘要：公共图书馆根据地域和用户特点，提出了总分馆为主要模式的公共图书馆服务体系。在实际服务进程中，如何实现文献物流的高效流转和有效运行，始终是制约图书馆服务体系建设的主要瓶颈之一。本文就是基于总分馆体系下，研究公共图书馆在现有体系框架下的文献传递物流管理及其未来发展方向。

关键词：总分馆，服务网络，物流管理

Abstract: Main - branch library system is the main mode of public library service system, and how to realize the high efficiency of logistics circulation and effective operation is one of the main bottlenecks to restrict the library service system construction.This article discusses the framework and development prospects of the logistics management based on the main - branch library system.

Keywords: main - branch library, service network, logistics management

1 引言

物流管理是指在社会再生产过程中，根据物质资料实体流动的规律，应用管理的基本原理和科学方法，对物流活动进行计划、组织、指挥、协调、控制和监督，使各项物流活动实现最佳的协调与配合，降低物流成本，提高物流效率和经济效益。现代物流管理是建立在系统论、信息论和控制论的基础上的[1]。20世纪70年代后期到现在，现代物流管理的研究已取得了丰硕的成果。物流技术在北美、欧洲、中国等地区得到了广泛的应用。

周宇麟，杭州图书馆文献借阅中心主任，馆员。E-mail:122742648@qq.com

姚丹茵，杭州图书馆文献借阅中心，助理馆员。E-mail:237255015@qq.com

在全社会倡导资源共享的今天，特别是公共图书馆总分馆体系探索日益深入的情况下，总馆与分馆、分馆与分馆之间的文献交换和传递越来越充分，总分馆体系在日常运行过程中，包含了大量的物流活动，既包括文献的运输、仓储、包装、装卸搬运、配送等基本服务物流活动，也包括流通加工、参考信息等延伸服务物流活动；既包括传统文献（含图书、期刊、光碟等）实物物流，也包括电子资源等非实物文献的分拨流动；既包括一般的"购书—藏书—借书"的正向物流，也包括大量的还书类逆向物流[2]。从本质上说，总分馆下整个公共图书馆服务体系相当于一个融采购、流通加工、信息服务于一体的信息物流配送中心，并且每个图书馆成为文献服务网络上的一个节点。因此，公共图书馆服务体系积极借鉴科学的物流管理理论，根据图书馆物流配送的特点和现有国内物流配送条件，努力寻求建立一个合理的图书物流系统，及时迅速地计划、实施和管理。

2 文献传递物流在公共图书馆总分馆服务体系下的价值体现

总分馆体制下，总馆是地区文献的物流中心，承担着该地区图书馆（室）之间的文献物流的调拨和配送，根据读者需求，将文献配送到区、县（市）、乡镇（街道）、村（社区）图书馆（室）；根据馆藏饱和程度，实现文献资源的合理配置，防止出现文献过剩和短缺的不对称局面，尽可能的实现文献资源利用最大化。通过文献传递物流，使文献在图书馆（室）与图书馆（室）、图书馆（室）与读者之间直接形成高效良性的互动与循环，尽可能的实现文献资源利用最大化。

（1）实现公共图书馆服务网络建设的必要条件。公共图书馆服务网络建设的不断推进，文献流通范围不断扩大，只有进行有效的物流管理，中心馆—总分馆服务体系才能得以长效有序发展，进行物流管理是实现公共图书馆正常有效服务的必要条件。

（2）提高读者满意度的重要方式。提高物流服务水平，使得文献的流通顺畅，文献的拒借率降低，读者满意度提高。进行有效物流管理是实现服务承诺，提高服务效率，达到读者100%满意率的有效途径。

（3）优化馆藏资源的必要途径。利用物流管理所得到的数据，对资源建设进行统一规划、合理配置，从而有效地提高资源建设的针对性与有效性，并成为实现图书馆发展规模化和经济化有机结合的重要保证。

(4)图书馆事业社会化合作的体现。实施物流管理是公共图书馆向社会化合作、专业性管理迈出的重要体现。

3 公共图书馆文献传递物流管理的现存问题

据笔者了解,当下公共图书馆总分馆体系建设不断发展,与之配套的文献传递物流管理却尚处起步阶段,甚至大部分总分馆服务体系下的文献传递物流仍然依赖于公共图书馆之间不稳定的来往。从整体而言,目前公共图书馆文献物流传递存在以下几个问题:

3.1 现代物流理念的缺乏

目前,我国仍然有相当一部分公共图书馆还没有认识到物流的重要性,缺乏“现代企业物流是获取竞争优势的重要源泉”的理念,认为物流服务只是单方面的对基层图书馆(室)所做的贡献,还有相当多的公共图书馆已经开始认识到物流的重要性,却并没有转化为切实的行动,也没有将物流纳入业务发展战略总体规划当中[3]。这样,导致物流管理缺乏整体性,并让从业人员安于现状,缺乏提高物流服务质量的积极性和主动性。物流不但没有形成有利竞争力,反而成为了负担。

3.2 物流成本核算的空缺

一般情况下,在会计科目中,只把支付给外部运输、仓储企业的费用列入成本,实际上物流基础建设费和自有车辆运输、库房保管、包装装卸等费用都没有列入物流费用科目内,掩盖了物流费用的真面目,无法唤起对物流的重视。特别是对于公共图书馆公益服务性单位,在成本核算和绩效评价方面有着先天的不足,为了完成工作任务,缺乏对文献物流的合理、经济的规划和实施。

3.3 物流职能分散,运作效率低下

大多数公共图书馆将仓储、运输、采购、包装、配送等物流活动分散在不同部门,没有系统规划和统一运作与管理,致使整个系统的运作效率非常低下。再者,由于缺乏跨部门的协调与合作,各部门开展物流活动时,大部分是站在本部门的角度考虑问题,遇事容易出现推卸责任、扯皮、无故拖延等现象,严重影响了整体效率和利益。

3.4 物流管理方式落后

在物流管理上,很多公共图书馆在物流运作中缺乏人工智能/专家系

统、通信、条码和扫描等先进信息技术的应用,体现出物流管理方式的落后,没有借助物流信息技术。还有少数公共图书馆,在处理初步的业务运作时,需要借助物流信息技术,但仅限于计算机进行管理的阶段。而信息系统配备的功能只体现在物流环节的某一个或几个部分,使其无法全面、准确地把握各方物流信息,无法实现内、外部物流一体化以寻求物流系统的最优化和合理化。

3.5 物流架构尚不完善

根据目前各级图书馆(室)现有的操作模式来看,大部分街道、乡镇一级图书馆分馆甚至区、县(市)图书总馆尚无建立起针对这项服务特点的专门的、独立的物流系统,缺乏完备的文献物流标准化规范,缺乏激励与约束相关工作人员和外包公司的制度和规范,仅仅简单的物流外包,或由本馆人员自己负责处理,使得内外部工作人员的责任意识淡薄,工作主动性缺乏,从而造成文献物流的效率低下,读者满意度差,造成各项资源的浪费。

4 公共图书馆文献传递物流管理的操作

总分馆体系下的公共图书馆文献传递物流管理应当从降低成本、减少资本以及改进服务这几方面进行考虑,在保持服务水平的情况下,将运输、存储等物流、读者获得服务成本等可变成本降到最低,并且通过文献传递物流,使物流系统的投资回报最大化,提高对读者的服务质量和服务能力。

4.1 优选公共图书馆物流模式

物流模式是指单位组织实施物流配送的方式,目前常见的物流模式主要有四类:自营模式、第三方物流模式、物流一体化模式和共同配送模式[4]。鉴于图书馆文献物流有其特性,首先,文献非一次性消耗品,可循环多次利用;其次,文献的所属权随着馆藏地点的改变而改变,使用权为终端用户—读者,通借通还背景下,一馆文献可还到多馆,读者也可到多个馆借还,因此图书馆文献物流不等同于普通商品物流。例如,杭州图书馆文献物流配送模式,根据杭州市公共图书馆四级服务网络的业务情况,建立纽带辐射全杭州地区图书馆(室),第三方物流承担文献物流的运输和装卸,制定相应合理的操作模式:

(1)根据配送周期长短,分为固定周期配送和临时性配送。针对馆际借还量较高的区县(市)级图书馆,可进行定周期(如一周一次)文献配送;

针对乡镇(街道)、村(社区)级图书馆(室),可根据实际需求,按需配送。

(2)根据文献配送量大小,分为大批量整车配送和小批量快递配送。大批量配送以整车计价配送,如通借通还的文献;小批量文献以快递配送,如馆际互借和读者预约的文献。通过多元个性化配送达到配送效益最大化。

4.2 建立物流操作流程

公共图书馆物流操作流程采用人工监控与系统监控相结合的方式,从接受并汇总各馆、各服务点或业务人员的文献需求到最终文献签收的整个过程,制定了一系列规范化的操作流程。具体操作流程,如图1所示:

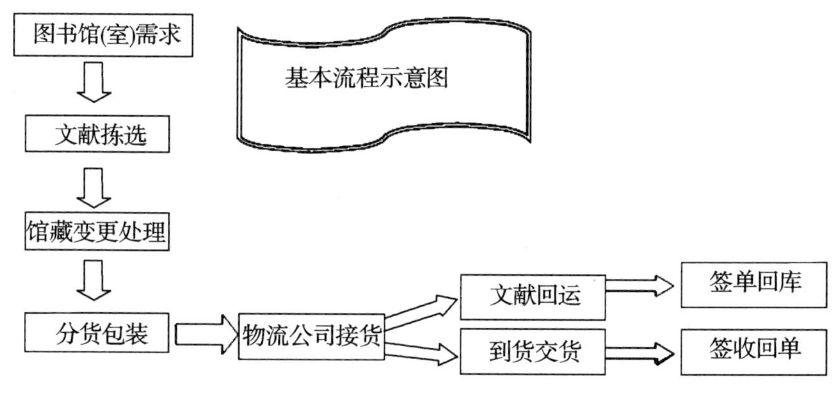

图1 物流操作流程图

建立规范统一的物流操作流程,是为了提高图书馆物流管理的运营能力,即运行效果和效率,获得更大的效益。一套好的操作流程,可以成为杭州图书馆新的核心竞争力。

4.3 搭建文献物流框架

公共图书文献物流体系主要由以下文献需求管理模块、物流中心管理模块、配送运输模块组成[5]。

4.3.1 文献需求管理模块

主要负责各类文献需求的分析处理,按照需求制定物流配送方案,并实施正确的作业操作流程。

4.3.2 物流中心管理模块

指对物流中心和物流中心各类文献和其他物资进行管理。以文献配送和文献保管工作为中心,从接收文献等物资入库开始,到按要求把文献全部完好地送出，为完整仓储作业，如图 2 所示：

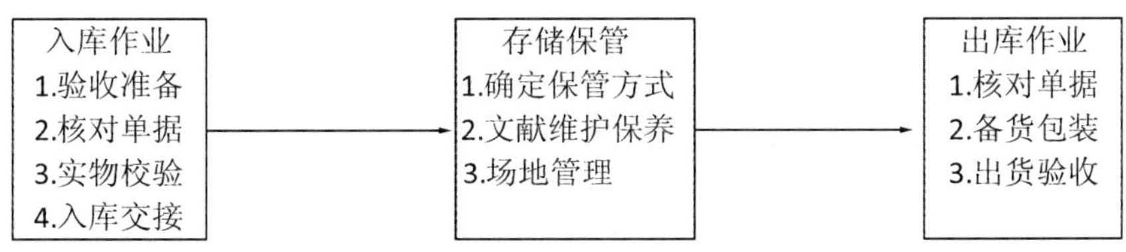

图 2 物流中心管理模块

4.3.3 配送运输模块

主要负责文献的配送作业和运输作业，完成文献的馆藏更改和包装作业，处理发货通知，实施运输，并从四级服务网络体系中运回大量流通文献。

（1）文献准备。根据文献配送需求，配备相关文献，馆藏变更后进行打包，图书 30 册/包、碟盘 20 盒/包，填写文献交接单。

（2）文献运输。根据物流配送时间安排规定或接到临时发货通知，提前一天完成文献准备工作。

（3）配送和运输周期及方式。分成固定周期配送——常规订单的物流需求，以及临时性配送——临时性配送任务。

（4）文献交接。物流公司按指定时间准确地把文献送达指定地点，或收回大流通体系内各馆（室）或基层服务点的文献，物流公司与对方接收人共同检查包装完整情况，在内容正确、数量无误，包装品质符合要求的情况下，当场做好文献清点交接工作，双方签字确认。

4.4 实施文献物流标准化管理

在文献物流管理存在的诸多难题中，物流标准化依靠设备和管理最易实现，也是最容易改善效率的途径，是进一步发展中必然要经历的过程。

物流标准化是指在采购、运输、包装、装卸、搬运、保管、流通加工、配送及信息管理等环节中，对重复性事物和概念通过制定发布和实施各类标准，达到协调统一，以获得最佳秩序和社会经济效益。文献物流标准化主要包括文献物流技术标准化、文献物流操作标准化以及文献物流企业标准化。

4.4.1　文献物流及技术标准化

通过制定和实施文献物流技术标准,规范文献拣选、包装、保存、配送、运输以及物流信息搜集的全过程。文献物流技术标准化是建立文献物流体系的基础和依据。

4.4.2　文献物流操作标准化

主要有作业流程标准,包括文献拣选和配送标准、文献分拣和包装标准、文献装卸和运输标准;管理标准,包括文献需求响应管理标准、文献物流绩效评估标准;服务标准,包括文献分类标准、文献配送质量规范。

4.4.3　文献物流企业

由于我们选择与第三方物流企业合作,所以这里就指第三方物流承包商。文献物流企业标准化,即物流承包商的物流活动和管理运行都需要标准化,通过导入 ISO 9001 质量管理认证体系,推行现代物流管理服务,形成注重过程控制的运行监管机制。其降低了流通成本,提高了流通效率,也让我们参与了对物流承包商工作能力评价(包括工作管理评定等),更有利于实现物流标准化。

4.5　优化文献物流管理成本

文献物资从公共图书馆购入到流通至读者——消费终端,产生的相关成本支出包括采购成本、空间成本、人员及运输成本以及其他成本等。

4.5.1　采购成本

采购成本主要包括采购人员的劳务成本和文献物资的购进成本。人员的劳务成本统一归入人员成本当中,这里所说的采购成本是指文献物资的购进成本。

公共图书馆在总分馆体系下,需要改变以前单独购买的方式,而是通过总馆统一采购、统一加工、统一分配的形式,进行采购,保证在供货商渠道获得较好的折扣,拥有比较合适的价格以及相应完善的售后服务的基础上,更进一步避免文献的重复采购。

4.5.2　空间成本

由于图书馆的特殊性,公共图书馆必须储存一定量的文献物资。而存放文献物资将会占据一定的空间。对于那些发展空间本来就有限的图书馆而言,寸土寸金。例如杭州图书馆新馆就取消了存放文献物资的书库,而是把更多的空间都留给读者。相应地,把书库中的图书重新上架,让读者有了更多的选择,也节省了书库的空间成本。在总分馆体系下,应明确文献的所藏及所用,树立起所用重于所藏的概念,总馆以及所属分馆应充分根据用户的需求和藏书空间,进行文献的再次分配。

4.5.3 人员及运输成本

人员及运输成本主要由仓储保管、供应分配等各环节负责人的人员管理成本及供应分配时所产生的运输费构成。由于养人养车的成本较高,总分馆体系下,公共图书馆可以根据各地区状况,选择由总馆作为文献物流调控中心,负责整个物流工作的人、财、物保障,或由总馆与各分馆分工合作,互为承担。

4.5.4 其他成本

除了上述相关可计量成本的支出外,还存在一些文献物资潜在的风险成本。这些成本可以预见得到但却难以计量,只能通过物流管理来加以规避。例如,文献物资在储存及运输过程中造成的损毁、被污染而无法使用。通过与第三方物流企业合作的方式,物流企业拥有更专业的物流管理方法和物流人才,能有效规避此类风险。同时,在与其签订合同时,已把此类风险所产生的其他成本支出转嫁给了第三方物流企业。

4.6 开展文献物流工作绩效评价

通过设置绩效评价系统来评价物流管理的绩效。绩效评价系统一般由两部分组成:定性评价和定量评价。

4.6.1 物流馆员的绩效评价

对于物流工作人员的绩效评价,其中定性评价主要包括服务的态度、主观能动性合作共事等;定量评价主要包括吞吐量、延误率、文献破损丢失率等。运用这种定量与定性相结合的评价方法有助于提高评价的可操作性,从中获取有效的评价结果。馆员的绩效工资就是这种评价结果的直观表现。

4.6.2 第三方承运商的绩效评价

对第三方承运商的绩效评价,其中定性评估主要包括服务的态度、稳定性等;定量评估主要包括服务的价格、响应时间、及时性、货运量、完好程度等。杭州图书馆制定程序化、标准化和规范化的第三方承运商评价标准,对承运商进行多层次、多渠道和全方位的绩效评价,为承运商绩效和激励的实现提供依据[6]。通过评价,如果第三方承运商不仅很好地满足了图书馆的需求,不断改进服务质量和运作效率,而且与图书馆实现了密切的合作,并成为图书馆物流中不可分割的组成部分,则可考虑与之建立长期的合作伙伴关系。否则,在合同期满经过沟通后可以考虑更换合作伙伴的问题。

5　结语

公共图书馆的最终目的就是利用现有资源,以最少的工作成本和最高的工作效率为读者提供最优质的服务。现在社会都提倡资源共享,而公共图书馆日常生活中有大量的书籍流通、大量的信息与外界交流,这些都是物流管理发挥才能的基础。

总分馆体系下,只有采用合理的物流配送方式,建立健全物流管理框架、流程、标准化和绩效考核,才能使总馆统一采购、均衡各分馆的馆藏文献资源这一目标得以实现;只有在先进的物流管理技术支持下,才能最大限度地优化从馆藏文献资源到读者之间的文献运输和流动信息的合理分配,才能有助于公共图书馆提升服务能力、打造核心竞争力、塑造良好的社会形象,才能有助于图书馆各个部门高效地运转起来,对挖掘图书馆的信息服务能力与潜力、更充分地发挥信息平台的作用具有重大意义。

参考文献

1　翁心刚. 物流管理基础[M]. 北京:中国物资出版社,2002
2　成端显. 加强与第三方书业物流合作[J]. 大学出版,2002(3)
3　王克群. 第三方物流——流通业中的新兴业态[J]. 成都行政学院学报,2002(2)
4　张玲. 刍议图书馆与第三方物流管理合作[J]. 图书与情报,2007(6)
5　刘建丽. 刍议物流管理技术在图书馆管理中的应用[J]. 商业时代,2010(5)
6　许异兴. 图书馆物流系统规划[J]. 图书馆建设,2008(9)

馆外形式的专业图书馆办馆模式探究

彭金芳

On Operation Mode of Special Library Outside the Central Library

Peng Jinfang

摘要：本文以物理上独立于中心图书馆，但管理上接受中心馆领导的专业图书馆为研究对象，探讨馆外形式的专业图书馆的建设与管理模式，包括如何建立，如何保持特殊性以及如何与中心馆进行有效互动三个方面。

关键词：专业图书馆，总分馆，办馆模式

Abstract: This paper studies on the special library which is physically independent but is managed by central library. It also discusses the construction and management mode of the special library outside the central library, including how to built, keep specialty and effectively interactive with the central library.

Keywords: special library, main - branch library, library operation mode

1 引言

随着信息技术的发展与普及、信息需求的多元化与个性化，图书馆馆藏文献种类繁多(有图书、报刊、会议文献、学位论文、专利说明书、技术标准、产品样本等)，载体多样(有纸本、缩微胶卷、磁带、光盘、网页等)，内容复杂(涉及各种与专题相关的学科知识)，并且可以为读者提供传统常规服务(以文献传递为基础的借、阅、查等)与专业服务相结合的多层次服务体系。图书馆根据自身的需求特点，对上述信息资源进行整合与协调，最大限度地为读者或用户提供有独特价值的服务。

为了有效地管理专业资源，可以采取以下四种模式：①面向区域规划与合作而举办的专业图书馆。各个专业图书馆实行单独建制，行政上属各级人民政府文化行政管理部门主管，业务上接受上一级图书馆的指导。②馆中馆形式。即在图书馆实体内开设专业阅览室。③馆外形式。即中心图书馆通过在其他机构帮助或合作形式下，建立馆外专业分馆；或是中心图书馆将原有的普通分馆或服务站发展为专业分馆。④在公共图书馆职能中，设立专业信息服务中心。

彭金芳，北京大学信息管理系，2011级研究生。E-mail：ipenny1223@gmail.com

本文重点探讨第三种形式，即物理上独立于中心馆，但管理上接受上一级图书馆领导的专业图书馆这种馆外形式。探讨这种形式的专业图书馆在总分馆环境下如何建立，以及在保持自身特殊之处的前提下，专业图书馆如何与中心馆进行有效互动。

2　馆外形式的专业图书馆办馆建设模式

2.1　与其他机构合作建立专业分馆

与研究中心、协会、公司等签订共建专业馆的协议，召开专题会议。如1999年温州市图书馆与温州鞋革协会合作举办了中国鞋都图书馆，具有全国首创的声誉，2004年又与温州服装商会合作举办了温州服装图书馆。2009年清华大学经学研究中心与黄浦区文庙儒家经典展示馆、上海民间文艺家协会与闵行区图书馆、上海音像资料馆与杨浦区图书馆、兴业证券有限公司浦东投资理财中心与陆家嘴金融图书馆分别与上海图书馆签订了专业分馆共建共享协议。

2.2　中心图书馆将原有的普通分馆或服务站发展为专业分馆

如东莞市图书馆在总分馆集群管理模式下，各基层分馆不再重复建设，而是根据区域的地理位置、自身分布特色、经济发展情况，以及居民的文化喜好，建设专业图书馆。例如，服装制造业发达的虎门镇建设了"服装主题图书馆"，"打工歌曲创作基地"塘厦镇建设了音乐主题图书馆。下一步即将在大朗分馆设毛织图书馆、塘厦分馆设影视图书馆等，利用特色资源，开展具有针对性的专题服务，更好地满足多层次读者的需要。现已设立虎门分馆的服装图书馆、常平分馆的地图图书馆、京九经济带文献资料室、厚街分馆的家具图书馆等。

3　馆外形式的专业图书馆办馆管理模式

专业图书馆的建设是一项综合的事业，中心图书馆在管理时，要考虑到以下两个方面：

(1)保持专业馆的特殊之处。专业分馆是根据地方产业经济发展、时尚文化以及大众阅读的需要建立的，与普通分馆相比，在馆藏文献的构成、服务的开展、人员的配置上，都具有特殊性。

(2)专业分馆是中心馆—总分馆体系的一部分。在总分馆建设过程中,要综合考虑其与中心馆及其他分馆的互动。

3.1 保持专业馆的特殊性方面

3.1.1 馆藏

专业图书馆的特色首先体现在文献资源的收藏方面,即特色馆藏资源。要坚持“人无我有,人有我全”的馆藏原则。从地区特征看,可选取当地的显著特征办馆的方法:根据本地的经济情况,可选择当地支柱产业;根据本地历史情况,可选择影响较大的人物或时间;根据当地地理位置,选取某一本质特征;根据当地文化特征;根据当地的资源状况进行主专业图书馆建设。

3.1.2 人员配置

专业图书馆的建设不仅要求拥有丰富的、相对集中的各类型载体的专题文献资源,而且要求从事专业服务的图书馆员具有深厚的专业知识背景和良好的服务技能,以能够快速满足读者对专业文献信息的需求。因此,工作人员必须熟悉特色学科的基本知识,向专业化发展。同时,建立专家咨询机制,广泛与所属领域的学界、业界专家、学者联系,在选购图书和期刊的过程中充分听取他们的意见和建议。

3.1.3 业务设计

专业图书馆服务是在特色馆藏资源下开展的服务,其中既有针对某一特殊群体开展的专业化服务,亦有对普通大众开展的普通服务。在坚持搞好图书馆大众读者的普通服务基础上,再通过重点入藏部分特色文献为小众读者提供特色化服务,是整个图书馆服务统一体中的两个方面,是互为补充、相互依存的关系。应当在坚持和做好普遍服务的基础上大力加强专业馆特色服务,并以高质量的主题特色服务推动普遍服务的深化和提高。

专业图书馆的主要任务是发挥现有专业文献优势,对专业群体提供深度服务,包括解答咨询,专业文献导读、信息检索,开发(如编制二、三次专题文献),代查、代译、代复制等,即参考咨询服务。能够为相应学科的科研工作进行定题服务和文献查新服务,为科研课题提供文献信息支撑,并跟踪科研工作的全过程,随时提供阶段性的文献资源需求。

3.1.4 活动设计

专业图书馆利用优势的信息服务平台,应该尽可能多地发挥阵地作用,让更多的读者参与到图书馆来。

如时装图书馆利用馆舍条件，与行业协会、设计师协会举办各种公益讲座、技能培训以及提供读者设计成果展示等活动。漫画图书馆为读者举办漫画展、COSPLAY表演、动漫欣赏、在线涂鸦等服务。

专业图书馆承担着中心图书馆专门服务的职能，在提供服务时更加灵活。在对馆舍的设计上，可以不拘一格，根据主题设计对应的建筑风格。为了满足个性化的信息需求，馆藏资源不应局限于纸质资源，而应是各种载体并存。在专业信息资源累积到一定程度时，可以考虑建设特色资源数据库，将这部分信息利用最大化。

3.2　与中心馆的互动方面

专业分馆的特殊性要求“独一无二”，即在规划上要避免重复建设。既要考虑到不同专业分馆之间的关系，又要考虑到专业分馆与中心馆特色馆藏之间的关系。专业馆资源只能是全部馆藏资源的一部分，是重点馆藏与基本馆藏、专业馆藏与普通馆藏的关系。因而在馆藏资源建设过程中，遵循整体性原则，在此基础上使特色资源具有系统性、连续性和完整性 。

作为馆中馆形式的专业图书馆，其专业文献的复本数比较有限，大多为1册。在新书分配制度上，采取优先保证的策略，即使只有一个复本，也要优先满足专业图书馆的需要，而不是进入图书馆的保存本书库。

专业图书馆的借阅应纳入城市图书馆通借通还的一卡通服务。同时，在借阅方式上，可根据具体情况，或以阅览为主，包括专题音像资料的视听欣赏等，或借阅并行，或外借实行会员制，或取消借阅押金制等，以最大限度地方便读者。专业文献的其他复本入藏在图书馆的外借书库，读者可在外借书库借出。特殊情况下，专业图书馆可视读者的专业需求实行有条件的会员制，对会员开展外借服务，以满足读者对专业文献更长久占用的需要。

4　总结

专业图书馆作为公共图书馆总分馆体系中的重要部分，在建设时，既要细分读者、各显特色，保持自身独立性；又要遵循资源共享、统筹发展的原则，在中心图书馆的引领下，实现文献资源、设备资源、人力资源的共享。

我国主题图书馆的实践已经取得了一定的成绩，具备了可供借鉴的经验。在今后的研究和实践中，如何吸收现有的成果，实现区域个性化的专业图书馆,以更好地满足大众的多层次和专业化信息需求,将是图书馆界需要思考的问题。

参考文献

1 苏静芹,马英,李正祥. 我国公共图书馆专题图书馆建设与发展简述[J]. 图书馆建设,2011(10)

2 李正祥,马英,苏静芹. 公共图书馆专题图书馆的管理与服务[J]. 图书馆建设,2011(10)

3 张利娜. 以东莞图书馆总分馆为例看“特色图书馆”的建设[J]. 图书馆建设,2008(11)

4 裴世荷. 构建主题图书馆的要素[J]. 科技情报开发与经济,2007(23)

5 万群华,王一鸣. 关于特色图书馆建设的模式与方法途径[J]. 图书馆学研究,1988(3)

6 王继颖. 彰显特色　拓展功能——上海市杨浦区图书馆主题馆建设探讨[J]. 新世纪图书馆,2011(11)

7 林纯. 公共图书馆服务深化:“专题图书馆”建设[J]. 图书馆论坛,2006(2)

8 高蛮. 全球特色图书馆简介[J]. 图书情报工作,1998(7)

9 王继颖,王婉卿. 以信息共享空间理念构建主题馆——以杨浦上海近代文献馆为例[J]. 图书馆杂志,2011(8)

10 王世伟. 主题图书馆述略[J]. 山东图书馆学刊,2009(4)

11 马翠凤,李淑英. 专业图书馆的特色馆藏资源建设与服务创新[J]. 图书馆学刊,2006(4)

12 卢苒. 总分馆体系下专题图书馆的建设——以东莞图书馆为例[J]. 图书馆学刊,2009(5)

13 蔡冰. 东莞图书馆:个性鲜明的“馆中馆”[J]. 图书馆园地,2006(11)

14 仇杨坪. 城市文化发展过程中的特色图书馆——以中国鞋都图书馆为例[J]. 图书与情报,2007(2)

15 李黎明. 关于专业图书馆文献资源共建共享问题的探讨[J]. 中国图书馆学报,2001(1)

16 上海一批主题图书馆形成格局[EB/OL]. [2012-06-30]. http://sh.people.com.cn/GB/134778/8573392.html

17 特色图书馆为何受欢迎[EB/OL]. [2012-06-30]. http://news.sina.com.cn/s/2003-09-15/0800751000s.shtml

中心馆—总分馆体系下的读者活动模式探索

——以杭州图书馆为例

何 妨

Exploration of the Reader's Activity Mode under the Central Library—Main - Branch Library System

——Taking Hangzhou Public Library as an Example

He Fang

摘要：文章以杭州图书馆与地区内区县(市)公共图书馆合作开展读者文化活动的工作实践为例，探讨如何真正确立杭州图书馆在开展读者文化活动方面的中心馆地位，从而进一步推进杭州市公共文化服务体系建设，为区域内普遍均等的图书馆服务创造充分条件。

关键词：图书馆，读者文化活动，中心馆

Abstract: This paper takes the practice of reader's cultural activity cooperated between Hangzhou Public Library and other public libraries in district, county or city as an example. It discusses on the role of Hangzhou Public Library as the central library of reader's cultural activity and Hangzhou public cultural service system.

Keywords: library, reader's cultural activity, central library

2011 年 12 月，杭州市委办公厅、市政府办公厅出台《关于进一步加强杭州市公共图书馆服务体系建设的实施意见》。实施意见充分明确：杭州图书馆作为全市公共图书馆服务网络的中心馆，承担对区、县(市)公共图书馆业务的规划、指导、协调和评估等工作，并通过努力成为全市公共图书馆服务网络的业务指导、文献保障、技术支持、专业培训和信息服务中心。新世纪以来，杭州图书馆就在地区公共图书馆编制联合目录、馆际互借、图书协调采购等业务方面发挥了中心馆应有的作用，也积累了大量的实践经验，但在规划、指导、协调和评估全地区公共图书馆的读者文化活动方面尚属起步阶段，探索如何在读者文化活动方面更好发挥杭州图书馆的中心馆功能对于全面提升全地区服务体系的建设质量有着重大意义。

何妨，杭州图书馆专题文献中心副主任，副研究员。E - mail：479129042@qq. com

1　杭州图书馆及区县馆开展读者文化活动情况

2008 年杭州图书馆建成投入使用,一流的场馆条件和先进的设备设施为图书馆"从传统借阅服务向现代文化服务"的转型提供了广阔的舞台,许多部门借助各自的文献资源特色、社会化合作优势,针对不同读者群体开展了融教育性、娱乐性、观赏性、体验性等为一体的、主题丰富的、形式多样的读者文化活动,其中文澜大讲堂、文澜沙龙、"总有一种声音打动你"成为独树一帜的活动品牌。统计数据显示,2009 年杭州图书馆举办读者活动共 680 余场,参与人数约 12 万人次;2010 年共 800 余场,参与人数约 25 万人次;2011 年共 840 余场(浣纱分馆装修闭馆),参与人数约 88 万人次。图书馆每年活动场次及服务人数都在逐步增长,常规化、品牌化、特色化的读者活动大大增强了图书馆的吸引力,也重新确立了图书馆在人们心目中的形象。"如果你不在图书馆,就在去往图书馆的路上",这句话预示着图书馆将成为杭州市民工作之余向往的第三文化空间。

在各地城市公共图书馆大力开展各文化活动的影响下,同时随着公共图书馆社会职能的不断拓展和延伸,近年来杭州地区内的区县图书馆也着手举办各类读者文化活动,但由于各地经济、文化发展的不均衡性,使得各区的读者活动业务在人力、资金、规模等方面存在比较大的差异。杭州地区 13 个城区及区县(市)公共图书馆中,四五个馆配置了专职的活动人员,近年都有 20 万以上的专项经费保障,读者文化活动做得有声有色。但同时仍有一半图书馆因活动人员、专项活动经费严重短缺,读者文化活动场次也只能保持着每月 2—3 场的活动频率,由于活动场次、规模、质量的不足,所以并未让区县图书馆看到活动开展而带来的效果。原因分析如下:

1.1　意识不强

部分区县(市)图书馆仍停留在为读者提供借阅服务层面上,缺乏创新精神,同时没有意识到读者活动的重要性,读者文化活动处于可有可无的边缘状态,活动不定期,没有一个统一的计划,存在很大的随意性。或者完全被动地跟着上级部门的要求走,上级有任务布置时就做一下,几乎没有围绕图书馆发展需求及读者精神文化需要求而主动开展活动。

1.2　硬件设施和经费不足

场馆设施是开展读者文化活动的前提条件，部分区县（市）公共图书馆目前还处在争取扩建馆舍的过程中，几乎不具备举办活动的场馆条件，如展厅、报告厅等。同时，由于当地经济不发达，图书馆各方面的经费都极有限，在读者活动的宣传、组织等方面更不用提及经费保障。由于图书馆在当地的社会影响较小，又缺乏活动公关经验，因此失去了大量通过社会化合作平台开展读者活动的机会。

1.3　缺乏专业人才

由于馆舍、经费、当地政府对图书馆重视程度等原因，部分区县（市）公共图书馆的人员编制一直十分紧缺，更不具备读者活动策划能力的专业人才。专业人才的缺乏导致图书馆对读者文化活动业务的认识不足，即使认识到了重要性，也因为专业知识缺少，心有余而力不足。举办一些活动时，只能提供场地，缺乏策划能力、组织实施能力。

1.4　缺乏对外交流

部分区县（市）图书馆长期以来在业务上各自为政，互无往来，不主动了解其他图书馆在读者活动方面的情况，即使在开展活动过程中碰到困难时，要么随便应付要么就放弃，没有考虑到如何与其他馆进行资源共享和合作互助。

2　杭州图书馆在读者文化活动方面发挥中心馆作用的实践

杭州图书馆通过举办各类读者文化活动已建立起丰富的讲师资源和广泛的宣传渠道，并积累了大量的活动经验，同时培养出一些策划能力较强的专业人员，这些都为其在读者文化活动方面发挥中心馆的作用提供了充分条件。近年来，杭州图书馆在规划、指导区县（市）图书馆举办读者文化活动方面做出了一些尝试。

2.1　提供优秀讲师资源

根据区县（市）图书馆各类主题活动的需求，调动本馆的讲师资源，推荐德才兼备的讲师以确保活动质量。2009年起分别为西湖区图书馆、拱墅区图书馆等推荐主题讲师10余人次，其中杭州市妇联特聘讲师罗文斌、台湾心理学博士叶明华、国家高级营养师胡珊等讲师因讲课专业、语言风格独特、亲和力强等特点深受区县图书馆读者的好评。同一个讲师多次被同一区县(市)图书馆所邀的现象较多,他们多次被输送到图书馆服务区内的学校及社区。

2.2 策划多馆联动的读者活动

策划与部分区县(市)图书馆联动的大型活动,通过联动方式提高他们的活动能力和水平。2010年4月,杭州图书馆策划大型4·23"虽然我不认识你,但让我们一起来读书吧"全城朗读接力活动,因构思新颖、宣传力度大、读者参与度高等特点吸引了西湖区、临安市图书馆加入而成为分会场,其中西湖区图书馆自行设计的图书馆、文化馆与湿地博物馆联动朗读活动将这场大型活动推向高潮。参与这次联动活动的区县图书馆借助杭州图书馆整体宣传和精心策划扩大了自身的社会影响,看到了读者活动可以给图书馆带来什么样的前景。同年7月—11月,杭州图书馆联动所有区县(市)图书馆组织了"在天堂读者"摄影巡展活动。摄影展每一幅作品让各地读者领略到了杭州图书馆这座现代化"市民大书房"的魅力,体会到了在"市民书房"读书的幸福感,也激发起他们对当地图书馆美好未来的期待。摄影展所到之处都得到了当地读者的高度赞赏和媒体的大幅宣传。

2.3 召集交流业务特色和合作方式

抓住机会加强与区县(市)图书馆之间的业务交流,同时为他们相互间的资源共享牵线搭桥。2010年11月,杭州图书馆借助交流"在天堂读者"摄影巡展情况的契机,组织区县(市)及部分省内协作图书馆的主管领导或活动人员进行座谈。大家充分交流摄影巡展在当地的反响,一致认为杭州图书馆策划送出的巡展作品非常优秀,它以唯美的视觉画面和丰富的精神内涵感动了读者,整个巡展方式设计得很合理化和人性化,希望以后杭州图书馆能提供更多的优质巡讲、巡展类活动。各区县(市)馆还介绍了自己的读者活动特色和当地活动资源,一些优秀活动案例让与会人员啧啧称道。最后大家就如何开展馆际活动协作进行了热烈讨论。整个座谈会现场气氛热烈,就在这种面对面的交流中,大家彼此打开心扉、拉近了距离。

3 杭州图书馆进一步在读者文化活动方面发挥中心馆作用的探索

杭州图书馆尽管在帮助其他区县(市)图书馆开展读者文化活动方面做出了一些努力,但作为一个中心馆的功能远远没有发挥出来。面临整个地区公共图书馆开展读者文化活动方面的现状,杭州图书馆还可以进行以下几个方面的探索工作：

3.1　建立业务协调小组

成立杭州地区活动业务协调小组，由杭州图书馆担任小组负责人，区县(市)图书馆为小组成员。小组职责是"全面规划、统筹安排"，旨在提高各区县(市)图书馆读者文化活动的资源保障能力和服务能力，指导和协调区县(市)图书馆开展活动，提升活动质量，降低营运成本。每年年底，各区县(市)图书馆上报下一年的读者活动计划，协调小组根据各馆当地文化资源和经济发展情况，帮助规划全年常规性活动，并借助外力或调剂余缺提供技术、人力、宣传、资金等保障以实施活动计划，实现各种资源的最大化利用。同时利用4·23读书日、未成年人读书节、图书馆宣传周、科普宣传周等契机策划2—3次全地区的大型联动活动，携手打造活动影响。由于各区县图书馆的活动经费资源相对缺少，联动资金可以纳入中心馆的活动预算中。

3.2　建立业务会议机制

定期召开杭州地区活动业务协调小组会议，会议场地可以选择在不同的图书馆。通过会议交流和实地考察，使区县(市)图书馆主管领导及活动负责人员了解各馆的读者活动开展情况，让他们看到大张旗鼓开展读者活动给图书馆带来的惊喜变化，提高他们对读者活动的重视；帮助诊断区县(市)馆在活动开展过程中存在的问题并提出改进建议；熟悉其他分馆的资源情况，特别是可供互补的资源。

3.3　建立业务培训机制

定期召开业务培训工作，新老活动人员相聚一起，由老同志讲述从事活动业务的深切感受，增加新同志开展读者活动的使命感，激发他们保持一种奉献的精神去策划读者活动；介绍品牌活动、活动经验及社会化合作方式，交流大型活动的策划、组织、实施方式，激发活动人员用不断创新的方式吸引公众走进图书馆。总馆与分馆或分馆间还可以开展蹲点式的馆际业务培训活动，安排活动负责人员走进一些相对前沿的图书馆进行一周以上的学习，在直接参与日常活动业务的过程中，深入地学习到更多的实战经验。

3.4　开展馆际交互式活动

各区县(市)馆当地都有一些特色文化资源和旅游资源，图书馆应当承担起宣传地方特色文化资源的责任，策划开展馆际交互式的读者文化活动。以“图书馆文化直通车”等方式定期组织当地读者参观外地的图书馆、博物馆及其他特色文化景点，由异地读者陪同参观讲解，这样既拉近两地读者的距离，也增强当地读者对异地图书馆及当地文化特色的了解。

3.5　建立全地区活动规范

由全地区活动业务协调小组成员共同制定章程协议，使全地区公共图书馆之间的活动协调、合作、指导等方面得以制度化、规范化，形成统筹规划、资源协调、利益平衡、全面统一的组织管理模式，从而保障本地区读者文化活动持续、有效地开展。

3.6　建立评估考核体系

由全地区活动业务协调小组成员共同制定评估考核体系，设置涉及读者文化活动的投入经费、投入人员、活动场次、服务人数、社会效益等考核项目、评介权重、计分标准等内容。通过阶段性考核和采用到成员馆发放问卷调查等方式，评估各成员馆开展读者文化活动的各方面情况。在全面考核的基础上，协调小组对于成员馆存在的主客观问题，要设计出操作性较强的改进方案，同时对那些重视活动、工作出色、进步较大的成员馆要进行精神或物质方面的奖励，或奖励相关主管领导及活动人员，或重点支持活动经费。以评估考核方式，掌握情况并促进活动业务的发展。

杭州图书馆应加大杭州地区读者文化活动的业务平台建设和统筹力度，协同杭州地区公共文化服务体系建设的主力军——区县图书馆创新活动模式和运作机制，实现全市活动资源的大流通、大共享，让地区内人民更好地共享文化发展成果。公共文化服务体系的建设是造福后世、惠及全民，保障社会稳定、健康、可持续发展的伟大工程，需要我们长久不懈的努力，相信在各区县(市)图书馆的共同努力下，杭州地区公共文化服务体系的建设一定会取得卓越的成效。

中国公共文化服务体系政策法规与实践探索

冯　佳

Chinese System of Public Cultural Service Policies, Regulations and Its Practical Exploration

Feng Jia

摘要：新世纪以来所形成的公共文化政策法规体系有规制力不强、文化馆（站）和博物馆等领域薄弱、社会认知度较低、平行部门规章冲突等问题。示范区（项目）创建过程中产生的制度设计研究成果为公共文化政策的制定提供了必要的制度要素。要以国家公共文化服务体系示范区（项目）及其制度设计研究成果为抓手，尽快形成推动公共文化服务体系科学发展的长效机制。

关键词：公共文化服务体系，政策法规，示范区（项目），制度设计

Abstract: The public cultural policies and regulations system has begun to take shape and advanced rapidly, but regulation force is not strong, public cultural centers and their branches and museums regulations are weak, social awareness is relatively low, parallel department regulations conflict. System design research results from the creation process of demonstration areas (projects) provided the necessary system elements. It should form the long-term mechanism to promote as soon as possible the development of the public cultural service system.

Keywords: public cultural service system, policies and regulations, demonstration areas (projects), system design

国际经验表明，当一个国家人均GDP达到1000—3000美元时，就进入了矛盾凸显期，往往会遇到发展的瓶颈，出现经济与社会之间的失衡。我国的人均GDP已经达到1000—3000美元，也开始进入这样一个阶段[1]。在这一时期，随着物质生活水平的迅速提高，群众的精神文化需求也逐渐向着更高的层次发展，这对公共文化服务提出了新的、更高的要求，人民群众公共文化服务需求不断增长与公共产品、公共服务供给不足以及公共服务的不到位成为制约经济社会协调发展的突出矛盾之一。也正是在这样一个时期，党和政府果断提出加强公共文化服务，可谓恰在其时。正如温家宝总理在全国人大十一届三次会议中所提到的"让人民生活得更加幸福、更有尊严"[2]。而公共文化发展的根本任务就是构建覆盖全社会的公共文化服务体系。为了贯彻党和国家公共文化建设的重要战略，完成公共文化发展的根本任务，亟须将公共文化服务建设纳入到规范化、法制化的轨道之中，实现公共文化服务的可持续发展，适应中国社会经济发展的要求。

冯佳，北京大学信息管理系，2009级博士研究生。E-mail：15510158022@163.com

1 历史背景

2001年,《经济、社会和文化权利国际公约》在中国正式生效。2002年,党的"十六大"报告提出坚持和完善、支持文化公益事业发展的政策,同时以"建设服务型政府"的提出为标志,中国政府职能转变进入了新的阶段,"服务型政府"的理念自此被屡次提及。2005年,中共中央出台的《关于制定"十一五"规划的建议》中第一次将文化事业发展战略目标表述为"逐步形成覆盖全社会的比较完备的公共文化服务体系"。2006年9月,《"十一五"时期文化发展规划纲要》中,国家首次明确提出"公共文化服务"的概念。直到2007年8月,中共中央办公厅、国务院办公厅下发了指导我国公共文化服务体系建设的纲领性文件——《关于加强公共文化服务体系建设的若干意见》,提出"按照结构合理、发展平衡、网络健全、运行有效、惠及全民的原则,建设覆盖全社会的公共文化服务体系",构建公共文化服务体系的思想逐步形成。这一系列政策性文件的出台,都标志着公共文化服务受到国家越来越多的重视。2007年年底,中国的博物馆首次提出免费参观,随后的2011年2月,文化部、财政部又联合出台关于中国美术馆、公共图书馆、文化馆(站)免费开放的意见。2011年年初,文化部和财政部启动了国家公共文化服务体系示范区(项目)[以下简称示范区(项目)]创建工作,形成了大批制度设计成果,包括研究性的成果以及以研究成果为支撑,主要形式为政府规划、政府政策性文件、管理办法、规范标准等在内的成果。2011年10月,十七届六中全会《关于深化文化体制改革推动社会主义文化大发展大繁荣若干重大问题的决定》(以下简称《决定》)将"推进国家公共文化服务体系示范区创建"工作纳入其中,并提出了"加快文化立法,制定和完善公共文化服务保障、文化产业振兴、文化市场管理等方面法律法规,提高文化建设法制化水平"的战略任务[3],《国家"十二五"时期文化改革发展规划纲要》又将"加强文化法制建设"作为文化改革发展的重要方针[4],再次将公共文化政策法规的重要意义彰显无遗。

2 现有公共文化政策法规体系及特点

我国公共文化政策法规体系建设已初具规模,且特点显著。

2.1　公共文化政策法规体系

目前,中国的公共文化政策法规体系中主要包括:

(1)国家法律。在我国现行法律体系中,专门或主要用于规范公共文化服务的法律数量不多,主要集中在文化遗产保护方面,如《文物保护法》和《非物质文化遗产法》。

(2)行政法规。在现行的公共文化法律法规体系中,行政法规主要为两类,一是直接规范公共文化的行政法规,如《公共文化体育设施条例》;二是与公共文化服务相关的行政法规,如《政府信息公开条例》、《信息网络传播权保护条例》、《公共场所卫生管理条例》等。

(3)公共文化相关部委制定、发布的部门规章。如文化部发布的《博物馆管理办法》、《乡镇综合文化站管理办法》、《世界文化遗产保护管理办法》等;由国土资源部主导的公共文化服务设施建设用地指标系列,如《公共图书馆建设用地指标》、《文化馆建设用地指标》等;由住房和建设部主导的公共文化服务设施建设标准系列,如《公共图书馆建设标准》、《文化馆建设标准》等。

(4)公共文化服务相关的地方性法规和政府规章。这些政策法规主要有地方性法规、地方政府规章、地方政府部门规章三个层次,而从规范对象上看则多集中在公共图书馆领域,博物馆、文化馆(站)领域相对较多。

(5)政府规范性、指导性文件。为加强和改进公共文化制度建设,各级政府相关部门制定了规范性、指导性文件,切实提高公共文化制度建设质量,但效力级别不高。

基于上述我国公共文化政策法规体系,现有公共文化领域的政策法规主要集中在几个方面:有关公共文化服务设施建设的规范,如公共文化服务设施的建设用地指标规范、公共文化服务设施的建设标准规范等;公共文化服务机构的运行管理规范;公共文化服务机构的服务标准规范;地方性公共文化法律规章,如地方性公共图书馆立法与政府规章,新近出台的《广东省公共文化促进条例》、《江苏省农村公共文化服务管理办法》等;相关法律法规中与公共文化服务保障有关的内容,如教育、财政税收、残疾人保护、公益捐赠、科技促进、科学普及等法律法规中与公共文化服务相关的内容;2005年以来党和政府有关公共文化服务体系建设的相关政策。

2.2 公共文化政策法规体系特点与问题

上述政策法规呈现出一些突出特点与问题，主要有：

(1)政策法规体系初具规模。政策法规内容涉及公共文化服务设施建设、机构运行管理规范、公共文化服务机构服务标准规范等，覆盖有一定广度，要素形式大体齐备，公共文化服务领域的主要工作能够有据可依。

(2)公共文化服务设施规划和建设规范推进迅速，成果突出，在国际范围内独树一帜。尤其是以建设用地指标和建设标准系列为代表，标志着我国公共文化服务设施逐步向科学化、法制化、规范化迈进。

(3)政策法规体系中效力级别较高的法律、法规数量较少，以政府规范性、指导性文件为主，说明在国家政策法规体系中，有关公共文化的法制建设薄弱，公共文化建设的法制化程度不高，公共文化政策法规的规制力不强。

(4)在公共文化涉及的主要领域和方面，公共图书馆的政策法规建设相对完善，《公共图书馆法》作为一部研究基础相对较好、内容相对较为成熟的公共文化服务国家法律，目前已进入国务院法制办和全国人大教科文卫委员会主持调研论证阶段。与公共图书馆领域相比，文化馆(站)、博物馆等相对薄弱，尤其是文化馆(站)领域基本上处于空白状态。

(5)相关政策法规对公共文化建设的关注度不高，教育、财政税收、残疾人保护、公益捐赠、科技促进、科学普及等法律法规中涉及公共文化部分的未得到应有重视，公共文化的社会认知程度偏低。

(6)平行部门规章存在矛盾和冲突。公共文化服务体系涵盖众多领域和部门的特点，要求顶层着眼，统筹协调，且公共文化政策法规体系亟须进一步完善。

3 公共文化服务体系政策法规实践

政策的制定需要对一些关键性的制度因素加以重点考量，也即对制度要素的考量。2011 年年初，在地级市人民政府自主申报示范区、地级市文化行政管理部门自主申报示范项目的基础上，经国家公共文化服务体系建设专家委员会独立评审、创建工作领导小组审核批准并向社会公示，31 个地级市人民政府(含省直辖的县级人民政府、副省级城市所辖区人民政府)获得示范区创建资格，47 个地级市文化行政管理部门获得示范项目创建资格(见表 1，表 2)[5]。随着文化部、财政部联合印发《关于开展国家公共文化服务体系示范区(项目)创建工作的通知》(文社文发[2010]49 号),标志着示范区(项目)创建工作的正式展开。在示范区(项目)创建过程中,将会形成一大批公共文化服务体系制度设计研究成果,提炼这些研究成果,最终将为公共文化服务政策法规的制定与实施提供要素基础。

表1　第一批创建国家公共文化服务体系示范区名单

序号	创建示范区名称
1	北京市朝阳区
2	河北省秦皇岛市
3	山西省长治市
4	内蒙古自治区鄂尔多斯市
5	辽宁省大连市
6	吉林省长春市
7	黑龙江省牡丹江市
8	上海市徐汇区
9	江苏省苏州市
10	浙江省宁波市鄞州区
11	安徽省马鞍山市
12	福建省厦门市
13	江西省赣州市
14	山东省青岛市
15	湖北省黄石市
16	湖南省长沙市
17	广东省东莞市
18	广西壮族自治区来宾市
19	海南省澄迈县
20	重庆市渝中区
21	四川省成都市
22	贵州省遵义市
23	云南省保山市
24	西藏自治区林芝地区
25	陕西省宝鸡市
26	甘肃省金昌市
27	青海省格尔木市

续表

序号	创建示范区名称
28	新疆维吾尔自治区喀什地区
29	天津市和平区
30	河南省郑州市
31	宁夏回族自治区银川市

表2　第一批创建国家公共文化服务体系示范项目名单

序号	地区		创建示范项目名称
1	北京	1	东城区:公共文化资源分类供给
		2	大兴区:公共文化设施空间拓展方式
2	天津	3	北辰区:文化品牌活动长效机制
		4	东丽区:群众文艺创作激励机制
3	河北	5	邯郸市:“千村万户”文化家园工程
		6	廊坊市:霸州县级公共文化服务体系
4	山西	7	太原市:文化精品惠民基层行
5	辽宁	8	沈阳市:社区文化建设“五个一”工程运作模式
6	吉林	9	松原市:积极探索“种”文化模式 推动农民自办文化健康发展
7	黑龙江	10	大兴安岭地区:北极村北极光节系列节庆活动
8	上海	11	宝山区:国际民间艺术交流平台建设
		12	浦东新区:高雅艺术走进百姓的运作模式
9	江苏	13	连云港市:社区文化中心标准化建设
		14	南通市:环濠河博物馆群
10	浙江	15	嘉兴市:城乡一体化公共图书馆服务体系建设
		16	温州市:苍南农村文化中心建设创新模式
11	安徽	17	铜陵市:城市文化社区建设项目
		18	淮南市:少儿艺术发展项目
12	福建	19	福州市等:艺术扶贫机制建设
		20	福州市等:村级文化协管员队伍建设
13	江西	21	宜春市:“一乡一色”、“一村一品”特色文化建设
		22	南昌市:社区文化在线

续表

序号	地区		创建示范项目名称
14	山东	23	泰安市:肥城县级公共文化服务志愿者递进培养工程
		24	威海市:农村文化大院规范化建设与服务
15	河南	25	南阳市:邓州创建文化茶馆
		26	周口市:周末公益性剧场演出活动
16	湖北	27	武汉市:“武汉之夏”群众文化活动
		28	荆州市:小太阳读书节暨全民阅读活动
17	湖南	29	衡阳市:公共文化服务进社区活动
		30	常德市:鼎城民间艺术团体惠民演出
18	广东	31	佛山市:南海区县域公共文化服务体系建设工程
		32	中山市:农村文化室全覆盖工程
19	广西	33	河池市:罗城仫佬族自治县乡镇文化站规范管理
20	海南	34	陵水黎族自治县:群众文化活动示范项目
21	重庆	35	大渡口区:文化馆和图书馆总分馆制
		36	南川区:文化中心户标准化建设
22	四川	37	攀枝花市:大地书香新农村家园工程
		38	泸州市:泸县农民演艺网
23	云南	39	昆明市:社区文化沟通机制建设
		40	楚雄彝族自治州:农民素质教育网络培训学校建设
24	西藏	41	山南地区:民族地区公共文化服务体系建设机制
25	陕西	42	渭南市:“一元剧场”演出项目
		43	铜川市:公共图书馆服务一体化建设
26	甘肃	44	兰州市:群众自发文艺团队建设机制
27	新疆	45	克拉玛依市:图书馆联建、共享一体化服务体系
		46	乌鲁木齐市:“新疆情”文化讲坛的拓展和创新
28	兵团	47	农八师:石河子市广场活动机制

3.1 公共文化服务体系示范区(项目)与制度设计研究

示范区(项目)的创建工作要求与国家公共文化服务体系制度设计研究相结合,同步实施,同步推进。而国家公共文化服务体系制度设计研究则针对当前公共文化服务体系建设存在的突出问题,根据我国区域差异、城乡差异的具体实际,结合国家公共文化服务体系示范区(项目)创建工作，对涉及全局性、战略性的重大问题进行研究，提出相关政策建议和具体解决方案，形成一系列推进公共文化服务体系建设的政策、手段和措施，努力建立公共文化服务体系建设的长效机制。应该说，开展制度设计研究是示范区（项目）创建工作的重要内容。示范区（项目）应承担课题研究任务，成为课题研究的实践基地，深化推动课题研究，使之具有实践性和可操作性。课题研究应紧密结合示范区（项目）创建工作进行，为示范区（项目）创建工作之提供理论指导和政策支持，推动公共文化服务体系科学发展[6]。

以此为契机，示范区（项目）创建及制度设计研究工作如火如荼地展开。目前，在首批示范区（项目）的创建过程中已形成了一大批制度设计阶段性成果，初步发挥了在区域乃至在全国的示范和带动作用。从政府的组织管理方面，首批31个示范区创建城市均成立了由市委、市政府领导，文化、发改、财政、人事等多部门参与的创建领导小组，其中23个创建示范区由市委书记、市长任组长，8个创建示范区由宣传部长、副市长等市委、市政府分管领导为组长，为创建工作提供了强有力的组织保障。示范区（项目）创建城市还大幅增加了文化事业费投入。仅以示范区为例，粗略估算，首批中央财政3.05亿元示范区创建补助资金，撬动了31个示范区创建城市财政资金投入超过100亿元。通过开展创建工作，还有许多示范区（项目）创建城市将重大公共文化设施项目列入“十二五”规划并加快施工建设，公共文化设施建设实现了大提速。同时，不少示范区创建城市还按照创建指标要求，采取了一系列“固强补弱”的措施，优化公共文化设施空间布局，提高设施体系化水平。在解决公共文化服务人才队伍方面，基层公共文化人才匮乏的问题得到空前重视。同时，各创建示范区还广泛开展文化队伍培训，提升公共文化队伍从业水平。而基层公共文化资源分散、功能得不到充分发挥的问题在示范区（项目）创建过程中备受瞩目。不少创建地区通过多部门协调联动和政策配套，推动跨区域、跨部门、跨系统文化资源的整合和优化配置，提高了公共文化资源的使用效率。公共文化服务社会力量参与、建立公共文化服务绩效考核评估机制等问题也成为示范区（项目）创建过程中关注的焦点。这些均为公共文化服务体系建设的常态化发展奠定了基础。

3.2 示范区(项目)及制度设计研究问题

示范区(项目)创建过程中部分地区制度设计研究阶段性成效显著,但仍有部分创建地区制度设计研究进展缓慢,没有及时把研究成果转化为推动公共文化服务体系建设的长效机制,主要存在以下问题:

(1)制度设计研究与公共文化服务体系建设实践结合不够紧密,理论研究不适用于实践层面,内容空洞,缺乏说服力,更谈不上解决实际问题为公众服务,存在理论与实践脱节、闭门造车、纸上谈兵的现象。

(2)制度设计研究成果还停留在理论分析层面,没有及时转化为党委政府政策性文件、工作制度,距离形成能够指导实践的工作制度和措施还有较大距离,尚未形成推动公共文化服务体系科学发展的长效机制。

4 结语

公共文化服务内涵丰富,跨越众多部门且涉及范围广,当前亟须一部能够覆盖所有公共文化领域的综合性保障法律,以促进公共文化服务事业的发展。据了解,中国文化行政主管部门和国务院立法部门已经把制定公共文化服务保障法提上了日程。除此之外,目前有待建设的法规还应当包括公共文化领域中与广大人民群众关系密切、影响深远的有关法律,如"公共图书馆法"、"博物馆法"、"文化馆法"等;公共文化专门方面、专门事项的法制建设,如"全民阅读促进法"、"文化志愿者条例"、"文字文化促进法"等;而与公共文化服务息息相关的重要问题、重要公共文化服务设施、公共文化服务管理和运行的基本条件等方面,也都需要一系列法律法规、政策规章加以保障,尤其要以国家公共文化服务体系示范区(项目)及各类制度设计研究成果为抓手,及时把研究成果转化为党委政府政策性文件、工作制度,形成能够指导实践的工作制度和措施,真正形成推动公共文化服务体系科学发展的长效机制,为公共文化服务体系发展提供保障。

参考文献

1 解放日报:跨越人均GDP1000—3000美元之坎[N/OL].[2012-08-08].http://theory.people.com.cn/GB/40551/3081605.html

2 《政府工作报告》诞生记:"让人民生活得更加幸福更有尊严"[EB/OL].[2012-08-08].http://politics.people.com.cn/GB/1026/11156028.html

3 中共中央关于深化文化体制改革 推动社会主义文化大发展大繁荣若干重大问题的决议[EB/OL].[2012 - 08 - 02]. http://www.gov.cn/jrzg/2011 - 10/25/content_1978202.htm

4 国务院关于印发国家基本公共服务体系"十二五"规划的通知[EB/OL].[2012 - 08 - 07]. http://www.gov.cn/zwgk/2012 - 07/20/content_2187242.htm

5 文化部、财政部关于公布第一批创建国家公共文化服务体系示范区(项目)名单的通知[EB/OL].[2012 - 09 - 07]. http://www.gov.cn/zwgk/2011 - 06/02/content_1875676.htm

6 国家公共文化服务体系示范区(项目)创建工作方案[EB/OL].[2012 - 09 - 07]. http://www.ccnt.gov.cn/sjzznew2011/shwhs/shwhs_gg - whfwtxjs /201111/W020111128545013092431.doc